バラバラ
クラス
空回り
クラス
指示待ち
クラス
どう育てる？

中学生が自ら動き出す自治的集団作り

岩本直己［著］

東洋館出版社

はじめに

・バラバラクラス――クラスとしてのチーム意識が低く団結力がない
・空回りクラス――やる気はあっても課題解決能力が低く上手くいかない
・指示待ちクラス――言われたことには取り組むが、常に受け身で自ら考えることはしない

あなたのクラスはこれらのクラスに当てはまっていないでしょうか？

もし、当てはまっていたとしたら、そのクラスはまだまだ伸びしろがあります。

私も初めから上手くいっていたわけではありませんでした。実際に私が初めて担任したクラスは「空回りクラス」であり、「指示待ちクラス」でした。この時、私はクラスに対して「チームワークの大切さ」を必死に伝えていました。毎日のように「チームとしてどうあるべきか」「チームワークを高める為にはどうすればよいか」というメッセージを伝え続けていました。だからこそ、行事などではクラスで一致団結しようとするクラスになりましたが、教師がリーダーとなってクラスを引っ張っていき、生徒は言われたことを一生懸命行うだけのクラスになってしまいました。

＝自分の前にいるときだけできる子どもを育てればいいのか

私は学生時代、特に高校生の三年間は夢中になってバスケットボールに打ち込んでいました。この三年間は技術や体だけではなく、心の成長を感じた三年間でした。バスケットボールはチームスポーツです。個人が上達することも大切ですが、チームとして協力することで、一人一人の能力では勝てない相手にも勝つ事ができます。だからこそ、自分勝手に行動するのではなく、どうすればチームに貢献することが出来るのかを考えるようになり、仲間と協力することの大切さを学びました。チームメイトと同じ目標に向かって取り組む中で、私自身がこれまで以上に努力することができるようになったり、仲間のことを考えることができるようになり、心が磨かれたと感じました。そして、心の底から実感したことがあります。

それは、そうした仲間との日々の中で「**磨かれた心は一生の強みになる**」ということです。

この経験から、私は「人の心を育てる仕事をしたい」という思いが強くなり教師を志しました。しかし、担任になりたてのころは、自分がクラスのリーダーとして「俺についてこい」というスタイルで学級経営を行なっていました。

ただただ必死でした。学校行事なども率先して引っ張りました。クラスの課題を見つけ、どうすれば解決できるかを考え、全て自分で解決しようとしていました。

この頃の私は、教師が問題を一人で解決するだけでは、生徒は本当の意味では成長していないということに気が付いていませんでした。

今思うと、生徒の力を心の底から信じることができていなかったように思います。

しかし、当時の私は、生徒が行事などに一生懸命取り組み、盛り上がる姿を見て、クラスがまとまっているように感じていました。

「自分はいい学級経営ができている」

そう思っていました。何年か担任をして、学級経営の方法が少しずつわかってきた頃です。

別の教科の同僚の先生からこんな言葉を言われました。

「先生のクラスは、授業中のメリハリがなくて困ります」

当時の私は、

「そんな事はない。私の前ではいつもメリハリを持って頑張っている。生徒が上手くメリハリをつけることができないのは授業者の問題だ」

しかし、よく考えてみると気付きました。当時のクラスは、決して生徒が「自律」していたのではなく、教師がいて初めて成り立つ「他律」の状態だったのです。

「私は本当に生徒にとって、一生の武器となる心を育てることができているのだろうか……」

教師の前から旅立った後にも、活躍し続ける生徒を目指して

そう思った時に、それまでのクラスのリーダーを教師が行うスタイルではいけないと感じま

した。そして、子どもたち一人ひとりが自ら考え、自ら行動する事で卒業後も活躍できるように育てていきたいと考えるようになりました。

　子どもたちは三年間／六年間で卒業します。卒業すれば、私たち教師はこれまでのように毎日、頑張っている姿を褒めることも、生徒が間違った行動を起こした時に叱ることも、生徒の心が折れそうな時に応援することもできません。人生一〇〇年時代、生徒には、小・中学校を卒業した後の人生が八〇年以上もあるのです。

　子どもたちは中学校を卒業した後にも、高校や大学、社会人と、新たな仲間や新たな指導者と出会います。その新たな人や新たな成長できる場を経験する時に、子どもたちが「受け身」ではなく、「主体的に行動すること」「自ら課題を解決する能力を身につけること」「他者とよい人間関係を作ること」を身に付けていると、子どもの今後の成長の速度がより速くなるのではないかと考えるようになりました。

　そこから、教育書に限らず、数百冊の本を読みました。上場企業のチーム作りの本や、経営者の経験を記した自己啓発本、心理学の本などさまざまな書籍に学び、学級経営、教室環境づくり、人間との向き合い方について考え、実践し、それに応えてくれる子どもたちとともに考え方をよりよいものにしてきました。本書ではこうした知識と経験を、学級経営に悩まれる先生方のお役に立てるようまとめました。

本書では「バラバラクラス」「空回りクラス」「指示待ちクラス」といったクラスの状態から抜け出し、子どもたちが自発的に動けるようになるための仕掛けやレクレーションといったアイデアを提案します。また、その前段において、「教師が問題を解決するクラス」ではなく、「生徒が自ら考え、仲間と協力しながら問題を解決するクラス」にするための教師側の考え方、教育観について記します。また以下では、私が中学校の教師であることから、子どもたちのことを「生徒」と記すこと、ご了承ください。

くり返しますが、私自身、初めから学級経営が上手くいっていたわけではありませんし、今でも「こうしとけばよかった」と後悔することもあります。でも、上手くいかない度に、自分で勉強をしたり、多くの先生方と一緒に考えたり、アドバイスをもらったりして考え抜いてきました。そして、少しずつ学級経営で大切にした方がいいことが何なのかが見えてきました。

日々、生徒の為に働いておられる先生方が「バラバラクラス」「空回りクラス」「指示待ちクラス」から脱却し、究極の目標である生徒が課題を解決するために自ら考え自ら行動を起こす「自治的な集団」を目指して行う学級経営の少しでもお役に立てれば幸いです。

学級経営の目的は、良いクラスを作ることだけではなく、良いクラスをつくる過程の中で磨かれた力を生徒一人ひとりの人生で役立ててほしい。そうした先生方との出会いを楽しみにしています。

目次

第2部

自治力を高める取り組み

第1部　脱「バラバラクラス」「空回りクラス」「指示待ちクラス」

あなたにとって理想のクラスとは？

この答えは、先生によって大きく違うでしょう。実際に私が主催していた勉強会で先生方に質問をすると様々な答えが返ってきました。

- ・幸せなクラス
- ・居心地のいいクラス
- ・役割分担ができるクラス
- ・安心できるクラス
- ・居場所ができるクラス
- ・価値観が共有できるクラス

どの価値観も大切で、どれが正解かを決めるのではありません。それぞれの先生方の信念を大切にすること、そしてブレることなく子どもたちへ伝え続けることが大切だと思います。

私自身は、クラスの生徒に「自治的な集団」になって欲しいと強く願っています。この「自治的」という言葉は、学習指導要領では「自発的、自治的」と登場します。ここでは、「**課題**

や問題に自分たちで気付き、解決方法を自分たちで考えて行動する集団」と定義します。

なので、皆さんが働く職場の先生方にもそれぞれの理想があり、目指すべき方向が違うかもしれません。しかし、クラスがよりよいチームへと成長するために共通して必要な条件があります。それは、次の三つの条件です。

①チームで取り組むことで、一人ひとりの持っている力以上の力を発揮できる
②成長し続けることができる
③生徒の価値観が反映されている

①チームで取り組むことで、一人ひとりの持っている力以上の力を発揮できる

クラスを一つのチームとすると、クラスで活動することの最も大きなメリットは、「一人ではできないこともできるようになること」です。生徒の数だけ価値観があり、考え方があり、ものの見方があります。生徒どうしで対話をしていく中で、今まで自分になかった考え方や新たなアイデアが思いつくようになります。これは、決して一人ではできないことです。

②成長し続けることができる

学校は、教育機関です。私たち教師は、教育基本法に書かれているように、生徒の「人格の

完成」を目指して指導していきます。そして、その人格の完成とはそう簡単にできるものではありません。人の成長に終わりはありません。だからこそ、ある一定の基準で満足するのではなく、成長し続けることが大切です。そしてそれは、チームとしても同様だと考えています。現状維持で満足するのではなく、成長し続けるチームであってほしいと願っています。

③生徒の価値観が反映されている

「どんなクラスにしたいか」「一年後にどんな姿になりたいか」というクラスの目的になる価値観は、そのクラスの生徒たちの価値観が反映されている必要があります。教師がこうあるべきだと押し付けるだけでは、生徒の主体性は育ちません。

「自分たちはこうなりたい」という生徒の価値観を大切にしてこそ、生徒は主体的に活動を行うことができるようになります。だからこそ、クラスの仲間の価値観を共有し、反映していく必要があります。

学級経営の鍵は生徒たちの「自治力」

＝与えられたものより、自分たちで作り上げたものに価値がある

多くの場合は、四月に学級開きが行われた後に少しすると「学級目標」を決めることになります。そこには、生徒一人ひとりの「こんなクラスになればいいな」という理想が込められています。大切なことはこの理想のクラス像が、「与えられた」のか「自分たちで作り上げたものか」ということです。

教師からただ与えられただけの生徒は、与えられたものがなくなった時に自分で何かを生み出すことができません。例えば、教師が理想のクラス像を掲げ、その実現に向かって圧倒的なリーダーシップを発揮してそれに生徒がついていくクラスがあったとします。その一年間は上手くいくかもしれません。しかし、ただ単に言われたことをやっているだけの生徒なら、指示を出してくれる人がいなくなった途端に、思うような成果を上げる事ができなくなってしまうことも考えられます。これでは、本当の意味で成長したといえないのではないでしょうか。昨年は上手くいっていたにも関わらず、今年はうまくいかない。しかし、生徒は自分ではリーダーシップを発揮することができない……そんな状態では、最悪の場合、去年と比較して、「去年

のクラスはこうだった」「前の担任がよかった」と批判的に考えてしまう生徒が現れます。もし、「このままではいけない……もっと良くしたい……」と思う生徒が現れても実際に何をすればいいのかわからない状態になります。

一方、自分たちで問題を解決していく経験をした生徒は、いいクラスは自分たちで作れると考える事ができるようになります。そのような生徒は、「もう一度、このメンバーで作っていけばいい」と考えて行動をすることができます。一度経験していることなので、二回目はさらにうまくできる可能性もあります。自分で作ることができると思っている生徒とただ単に与えられて満足しているだけの生徒では大きく異なるのです。

だからこそ、いつもお腹を空かせて困っている人に対して魚を与えるのではなく、魚の釣り方を教えるように、いいチームを与えるのではなく、いいチームの作り方を教えることが重要なのです。

自治力を高める中で生徒につく力

生徒の自治力を高めようとすることで以下のような変化が期待できます。

①主体性が高まる

②自己有用感が高まる
③生徒同士の心がつながり居心地の良い場をつくることができる
④課題解決能力が高まる

①主体性が高まる

自治的な集団を作るためには、生徒一人ひとりが自分のクラスの課題を「自分事」として捉える必要があります。「自分はどうしたいのか」「自分はどう思うのか」「自分にできることはなにか」と考え、行動していく力が求められます。クラスの自治力を高める中で自分の気持ちや考えに向き合う時間が増えるからこそ、「私はこう思う！」「私はこうしたい！」という主体性が高まることになります。

②自己有用感が高まる

自治力を高めるためには、自ら考え、自ら行動する必要があります。そして、実際に行動を起こした時には何かの結果が現れます。もしかしたら、初めは上手くいかず、失敗で終わるかもしれません。しかし、正しい方法で努力を続けることができれば必ず成功する瞬間がやってきます。そのうまくいった瞬間に仲間から「すごい！」や「ありがとう！」といった称賛の声があがります。その成功体験が生徒の経験となり、繰り返していくことでやがて自信につながってきます。だからこそ、「自分にもできるんだ！」という想いが強くなり、自己有用感が高まっていきます。

③生徒同士の心がつながり居心地の良い場をつくることができる

自分たちで物事を進めていくためには、「心理的安全性」を高めることが欠かせません。心理的安全性とは、psychological safetyの和訳で、組織行動学を研究するエドモンドソンが一九九九年に提唱した心理学用語で、「組織や集団の中でも自然体の自分でいられる環境」といった意味です。「心理的安全性が高まると、チームのパフォーマンスが向上する」ということをGoogle社が発表して以降、世界中で注目が集まりました。心理的な安全が担保されていないメンバーは、「これを言ったら、〇〇さんに後で何か悪く言われるのではないか……」などと感じて発言や行動をためらってしまいます。

クラスの心理的安全性が高まることで、生徒は自分の個性を発揮したり、自分の意見を発言したりできるようになり、クラスの居心地がさらに良くなっていくのです。

また、自治的活動を行う時には、自分たちで設定した同じ目標に向かって取り組みます。この同じ目標に向かって取り組む活動を行なうと自然と仲間意識が芽生えやすくなります。このような活動を行なっていく中で少しずつクラスの仲間同士がつながっていくのです。

さらに、自分たちで、自治的な活動を行なっていると少しずつ生徒の個性が発揮されるようになっていきます。すると、生徒同士でお互いの長所や短所が見えるようになってきます。クラスメイトのことを深く知ることで、得意な人が苦手な人のサポートをしたり、助け合ったりすることができる集団へと変化し、さらに生徒同士の心がつながっていくのです。

④課題解決能力が高まる

クラスの中には、多くの課題が存在します。課題は、多岐にわたります。例えば、

「どうすればクラス目標が達成できるのか？」

「どうすればお互いのことを知ることができるのか？」

「勉強に集中できないと困っている人にはどのようにアドバイスを出せばいいのか？」

「わからないことをわからないと言うことができるようにするにはどうすればいいのか？」

「みんなが自分の意見を言うためにはどうしたらいいのか？」

「どうすれば体育祭の種目がより上達できるのか？」


多くの課題の中には、私たち教師でもすぐに答えることができない課題も出てくるかもしれません。そんな課題に対して、課題の本当の問題点はなんなのかを明らかにして、改善方法を考えていくことを何度も繰り返すことになります。すると、少しずつアイデアが出たり、話し合いがうまくなっていき、課題解決能力が高まっていくのです。

さて、では自治力を高めるのはどうしたらいいのでしょうか。
私は、自治力を高めるための方程式を次のように表しています。

自治力＝主体性×チーム力×課題解決能力

では、この三つの要素を高める方法を紹介します。

第1章 主体性

＝主体性とは

主体性とは、「自分の意志・判断で行動しようとする態度」という意味です（goo辞書より、以下同）。つまり、「自分の意志で決めること」と「実際に行動を起こすこと」の二つの要素が含まれています。そこで、生徒に主体性を持たせる為には次のステップが必要になります。

ステップ1　生徒自身に自分の考えを持たせるように、引き出したり、気づきを与えること
ステップ2　自分の意志に基づいて決めたことを実際に行動させること

このようなステップで生徒の主体性を高めていくことができます。

主体性はなぜ生まれるのか

生徒の主体性がなぜ生まれてくるかというと、「やってみたいと思える魅力があるから」です。

生徒が主体性を発揮したいと思う時には、次のような魅力を感じていることがあります。

- その行動が好き
- その行動が楽しい・ワクワクする
- その行動を行うことで成果がでる
- その行動をすることで楽になる
- その行動をすることでマイナス面をなくすことができる

もちろん、生徒にとっては個人差がありますが、このような、やりたいと思う魅力があるからこそ、生徒は主体的に行動を起こしたいと感じるようになるのです。

主体性を高める為に大切なこと

主体性を高める為には、次の三つが大切だと考えています。

①その行動をやりたいと思えるかどうか（魅力）
②その行動をやれる自信があるかどうか（自信）
③実際にその行動を起こすことができるかどうか（行動）

まずは、その行動に対して何かの魅力（メリット）を感じることで、「やりたい」という意欲がうまれます。そして、その行動により、「みんなの役に立つことができる」「この行動は正しい行動だ」「この行動は自分にはできる」「この行動はみんなに理解してもらえる」といった自信を持つことができることで、実際に「やる！」と決断することができます。そして、あとは実際にどのような方法で行動をするかを考えて行動することになります。

では、実際にどうすれば、生徒にとっての「魅力」や生徒の「自信」を高めることができるのかを一つずつ解説していきましょう。

やりたいと思えるかどうか―内発的動機付け

心理学の考え方では、何かに取り組みたいと思う動機付けには「外発的動機付け」と「内発的動機付け」の二つがあるとされています。米国の心理学者エドワード・L・デシ（Edward L. Deci）が提唱した「モチベーション理論」などをご参照ください。

外発的動機付けは、「誰かに評価されたい」「賞が欲しい」「罰を受けたくない」「強制的にやらされる」といった外からの刺激によるものです。一方、内発的動機づけは、その人の内面に湧き起こる「興味」「関心」「意欲」によるものです。この自治的チームを作る為には、この内発的動機付けに目を向けていくことが大切になります。

つまり、生徒に報酬を与えて動かすのではなく、生徒の一人ひとりの内側にある「興味」「関心」「意欲」を引き出していくのです。

═主体的に何かをすることは素晴らしいことだという価値づけ

内発的動機付けを促すには、まずはそうした「興味」「関心」「意欲」は恥ずかしがるものでも間違いでもなく、「素晴らしいものである」ということを共通の理解とすることが大事です。自分の意見を述べやすい場をつくる具体例については、第2章で述べます。

教師が生徒の失敗を見つけて怒ることばかりをやっていると、生徒たちは「勝手なことをやったら怒られるのではないか」「言われたこと以外はやらなくていい」と思ってしまいます。

すると挑戦し成長する喜びよりも、怒られずに失敗しないことを優先するようになってしまいます。この状態では、生徒が主体的に行動をしようとしても、「周りの生徒に白い目で見られるのではないか」「みんながやっていないから自分もやらなくていい」といった気持ちになり主体性をなくしてしまうのです。

例えば私は、四月にこのような話をすることで、まず自分の考えを伝えています。

「自治的集団」を目指して（学級通信より）

あなたたちは、いずれこの学校を卒業します。卒業するということは、この学校と、この学校の仲間と、そして、この中学校の教師との別れが訪れます。

今、「人生１００年時代」といわれるようになりました。もし仮に、１００歳まで生きるとすると、中学校を15歳で卒業した後に、１００歳まで残り85年あります。私たちにとって、今この瞬間を大切に生きることはとても大切なことですが、人生という長い目で見たら、中学校生活とはほんの少しの時間です。

なのでこのクラスでは、単純な学力だけではなく、「自立」する力を養ってほしいと思っています。そして、クラスを「自治」する力を身につけて欲しいのです。

「問題を教師が解決するクラス」ではなく、

「苦戦しながらも自分たちで問題を解決できるクラス」

になって欲しいのです。いいクラスは「誰かに与えられるもの」ではなく、あなたたち一人ひとりの手で作るものです。あなたの想いがクラスを作ります。だからこそ、あなたの「こんなクラスにしたい」「こんな取り組みをしたい」という想いを大切にしてください。

クラスのためになると思えば、どんどん提案してください。

先生は、あなたの主体的な行動を応援します。

「誰かに与えられることを待つのではなく、自分たちで作る」

そんな気持ちをいつまでも大切に、1年間かけてこのクラスを成長させていって欲しいのです。自分はどんなクラスを作りたいのか。より良いクラスを作るために、自分はどうしたいのか。そうやって、主体的に自ら考えて自ら行動する力を身につけてください。

そしてその主体的に取り組む姿勢は、今後のあなたの人生を切り開く大きな力となります。

長い人生を幸せに歩むために、この1年間で、自ら考え、自ら行動し、主体的に課題を解決する力を身につけてください。先生は、全力で応援します。

自分ごととして捉えさせること

次に大切なことは、生徒がクラスのことを自分のこととして捉える事です。

生徒からすれば、クラスとはただ偶然同じクラスになっただけの集団です。このただの集団に、共通の目的を持たせ、活動していく中で一人ひとりのチーム意識（チームへの所属感）を高めていくことになります。自分ごとに考えることができて初めて主体的な行動をとることができるのです。

生徒の提案を否定しない

生徒の「主体的な行動を応援する」と宣言していても、いざ生徒から何か提案があった時に頭ごなしに否定をしてしまうと、生徒は「どうせ言っても聞いてもらえない」と思い提案することをやめてしまいます。

教師は、生徒の提案に対して、「できない理由」を探すのではなく、「どうすればできるか」を考えるようにします。

まずは、提案してくれたことを認め、提案してくれた内容に問題がなければすぐに実行する方向で進めます。しかし、もし、提案してきた内容に問題があれば、「問題があるからだめ」ではなく、「問題点を解決する方法はないか」を考えていきます。どうしても、採用することができない提案は、「できない理由」を生徒にわかるように丁寧に伝えます。そして、その提案を行った目的に立ち返り、「その目的を達成するために実現可能な他の方法はないか」を考えていきます。

大切なことは、生徒が提案をしたら「先生はちゃんと向き合ってくれる」という感覚を生徒に持たせることです。これにより、「生徒は提案したら先生は動いてくれるかもしれない」と感じ、実際に行動するモチベーションが高まるのです。

＝自分の気持ちと向き合ってもらう質問「あなたはどうしたい？」

ここまで、生徒が主体的になるための準備段階について話をしてきました。

しかし、最も大切なことは、生徒自身に自分自身の気持ちや価値観と向き合う環境をつくることです。例えば、人の顔色をうかがうような生徒には「あなたはどうしたい？」と聞くことです。生徒の内面にある気持ちや価値観を引き出すことを心がけましょう。

また、聞いて終わるのではなく、さらに具体的な思いを引き出すための対話を心がけましょう。基本的には、「発言の具体化」を求めていく形です。

私は以下の二つの問いの方法で、こうした生徒の主体性を伸ばすよう試みています。

①教師から問いを投げかける
②現状に対して問いを投げかける

①の教師から問いを投げかける場合は、例えばこのような形です。

【学級開きでの問い】

教師「あなたは一年後にこのクラスが解散する時にまでにどんなクラスにしたいですか？」
生徒「みんなが楽しいクラスにしたいです！」
教師「楽しいクラスがいいんだね。なんでそう思うの？」
生徒「前のクラスでは一部の人だけ仲が良くて、居心地が悪いというか……」
教師「そうなんですね。○○くんはみんなにとって居心地のいいクラスにしたいんですね。みんなにとって居心地のいいクラスができれば本当に素晴らしいクラスになりそうです。居心地のいいクラスにする為に、○○くんに何か出来そうなことはないかな？」

【体育祭での問い】

教師「もうすぐ体育祭に向けての取り組みが始まります。あなたは、どんな体育祭にしたいですか？」
生徒「最高の思い出になる体育祭にしたいです！」
教師「どうすれば体育祭が最高の思い出になるのですか？」
生徒「みんなで全力で挑んで優勝したいです！」

教師「みんなで全力で取り組んで優勝したら最高の思い出になりそうですね！ ところで、優勝以外では、思い出に残りませんか？」

生徒「いやー、それは優勝したら嬉しいですが、優勝できなくても全力で取り組んでいたらいい思い出になると思います」

教師「そうですか。では、〇〇くんはクラスの仲間に全力で取り組んで欲しいんだね。クラスのみんなが全力で取り組みたいと思うにはどうしたらいいと思う？」

このように、生徒に問いかけ、対話をしながら引き出していくことで、自分たちの願いを細分化し、その成就に向けた具体的な行動を促すきっかけをつくれます。

②は、現状に対して声をかけるパターンです。

【イライラしている生徒に対して】

教師「どうしたの？」

生徒「〇〇くんが僕に対して喧嘩を売ってきたんですよ。それでイライラして……」

教師「何で、〇〇くんはあなたに喧嘩を売ってきたのかな？」

生徒「ちょっと冗談のつもりでからかっただけなのに本気になって怒ってきて……〇〇は

教師「ところで、あなたはどうしたいの？　喧嘩したままでいいの？」
生徒「いや－、それは仲直りしたいですよ。
冗談が通じないんですよ」
教師「仲直りするにはどうしたらいいと思う？」
生徒「冗談のつもりだったけど、怒らせてしまったから謝った方がいいかな……」

生徒が自分の気持ちや価値観に向き合い、よりよい生活をつくるための行動を自分で考えて、行動に向かえるように後押ししてあげたいものです。
「どうするべきか（義務）」「どんな方法がいいか（方法）」も大切ですが、生徒の主体性を引き出す為には、「どうしたいか？（気持ちや価値観）」がより大切になるのです。

＝やれる自信があるかどうか

生徒が内発的な動機を確立したとしても、もう一つ、行動に移すことができない時があります。それは、その行動に魅力を感じ、「やりたい」と思っても、「どうせ自分にはできない……」と自信を持てずにいる時です。自己肯定感が低い生徒だからこそ、生徒に「自分にも行動をおこせばうまくいくかもしれない」という自信をもてる環境をつくることが大切です。

生徒を信じて任せる

まず、前提として必要なことは、「**生徒を信じて任せる**」という教師の想いと態度です。先生の中には、生徒に失敗をさせたくないという想いが強すぎて、必要以上に生徒を助けてしまうことがあります。教師主導で、生徒がサポートをしている状態だと、たとえ成功したとしても生徒は自分の力で達成したと感じることができません。

生徒が自信をつけるためには生徒が主体的に取り組み、教師がサポートしているという状態を作り出す必要があります。

生徒は自分自身の力で取り組んだ達成感を感じることで自信を付けていきます。まずは生徒に主導権を渡して、任せてみる。そして、生徒が自分ではできないところや困っているところをサポートしてあげる。そんな関係を作っていきます。

失敗はするもの

年度当初から、生徒には「一生懸命取り組んでいることでも、うまくいかないこともある。だから、失敗してもいいんだよ」というメッセージを伝えています。

そして、もし仮に失敗してもその後に巻き返すことができるように、時間や気持ちに余裕をもって進めてあげることが必要です。

私は、成長するためには失敗を経験することも必要だと思っています。成功するに越した事はありませんが、どれだけすごい人でも大きな成功にたどり着くまでに一度も失敗したことのない人はいないと思います。大切な事は失敗したらすぐに諦めるのではなく、失敗から学んだり、失敗を乗り越えたりできる力です。

ただし、生徒が心に傷を負ってしまい、もう挑戦したくないと思ってしまうような大きな失敗はさせるべきではありません。

あくまで、成功を目指してしっかりと準備を行なった上でおこる多少の失敗は成長につながるということです。

そうした場面では、「こういう問題がおきそうだけど、どうしたらいい？」と事前に一度立ち止まって考えることを促すこともあります。

まずは教師が課題を与えてもいい

自分たちの力でアイデアを出し合って課題を解決していく楽しさを知らない生徒にとって、いきなり「主体的に行動しましょう。先生は応援します」と呼び掛けてもモチベーションが高まらないケースがあります。

そこで、年度当初などは教師から、「このクラスは今、〇〇という課題があると思うんだ。どうしたらこの課題を解決することができるのか考えてくれない？」というように、目的や目標を提示することも有効です。

初めは、教師から提示された課題でも、取り組んでいく中で自分たちでアイデアを出すことや改善していくことの楽しさに触れ、成果を出すことで、「自分にもやればできるかもしれない」という自信がはぐくまれていきます。この自信がついていくことで、生徒が主体的に行動できるようになっていきます。

多くの生徒にリーダーを経験させる

自分の考えや思いを口に出す勇気を持てない生徒には、リーダーという立場を与えるのも一つの方法です。リーダーという役割によって、「リーダーだからみんなの前で発言することは普通のこと」と普段の振舞いと切り離して行動を促すきっかけになります。

「立場が人を育てる」と言われることもありますが、リーダーを経験することで人前で話す機会も増え、結果的に人前で発言することにも慣れていきリーダーらしく成長していくというのはよくある話です。

クラスの代表に限らず、一年間クラスの中で運営していく中で、人と協力して何かを決める場面は多く存在します。体育祭や文化祭といった学校行事。班での活動。掃除場所を決める時や、給食当番を決める時。クラスでレクリエーションを行う時など、生徒が主体的に取り組むことができる場面は多く存在します。その活動に関わる人数は、クラス全員といった大人数が関わる活動もあれば、三～四人程度の小集団で行う活動もあります。人数の多い少ないに関わらず、多くの生徒がリーダーという立場を体験し、成功体験を積むことで自信をつけることができるようになることがあります。

自己肯定感を高める

生徒が主体的な行動をおこした時には、その生徒の行動を認めてあげましょう。本来主体的な行動というのは、生徒にとって行わなくても良い行動です。それをわざわざ自分の意思で行動を起こしているのですからそれだけで素晴らしいものです。

生徒の自己肯定感を高めるためには、教師や生徒同士で認め合ったり、褒め合えることが大切です。生徒はそれぞれ個性があり、良い面を持っています。その良い面を見つけることができるとお互いを認め合える関係ができるのです。

生徒の良さを見つける為にもっとも簡単な方法は「意識する」という事です。

「あるメーカーの車を買おう」と思ったら、それまでは気にもしていなかったのに、急に街中を走っている多くの車の中から自分が欲しいと思った車ばかりに目がいくようになった経験はないでしょうか。

逆にいうと、意識していなければ目に入っていてもしっかり認識できていないことは多くあります。私は、意識の大切さを生徒に伝えるためにこのような方法で伝えています。

意識の大切さを実感する実験

①生徒は全員、机に伏せて目をつぶる
②「教室の中に緑のものは何個ありますか？　心の中で数えてください」と聞く
③生徒が心の中で数えるのを少し待つ
④「一～五個だと思う人？　五～一〇個だと思う人？」という風に順番聞き、目をつぶったまま手を挙げてもらう
⑤全員の回答が終われば、実際に目を開けて緑のものが何個あるか数えてみる

私が担任していたクラスで行うと、五～一〇個程度が最も手が挙がりました。しかし、生徒が履いているスリッパの色は緑色で、四〇人学級八〇個の緑の物が最低でもあります。実際には教室には緑色のものが一〇〇個以上ありました。

この実験の面白いところは、目を開けて答え合わせをしようと思った途端に緑の物が次から次へと目に留まるようになることです。少し意識をするだけで結果は大きく変わるのです。

さて、意識するものを「緑の物」から「生徒のいい所」に置き換えてみるとどうでしょうか。「いつも挨拶をしてくれる」「字が綺麗」「クラスを盛り上げてくれる」「いつも掃除時間にピカピカにしてくれる」など、些細な良さに気づくことができるようになるのです。

第2章　チーム力

目指すは「信頼関係を築き協力できる集団」

チーム力が高い状態とは、チームの中に信頼関係があり、課題解決に向かって協力できる状態であることです。ここからは、クラスの中に信頼関係を築き、チームワークを高めて協力できる集団を作り上げていくために大切なことを解説していきます。

チーム力の四つの要素

チーム力を高めていくためには次の要素を育てていく必要があります。また、基本的にはこの順番で重点的に育てていくことが効果的です。しかし、一度で完璧に成長するものでもないので、実際には螺旋階段のように年間を通して全体を高めていく事になります。

①チームの意識統一
②心理的安全性
③フォロワーシップ

④リーダーシップ

具体的に①〜④を育てる方法は後述します。まずは①〜④とした流れと全体像を説明します。①のチーム意識の統一で取り上げたい意識は、「目的」「目標」「価値観」などです。まず、目指すゴールを統一し、クラスと同じ方向を向く事ができるようにします。

次に②の心理的安全性を確保する必要があります。心理的安全性とは、『心理的安全性の作り方』（石井遼介、日本能率協会マネジメントセンター）で、「組織やチーム全体の生活に向けた、率直な意見、素朴な質問、そして違和感の指摘が、いつでも誰もが気兼ねなく言えること」を指します。つまり生徒にとってクラスが「安心・安全な場所」である必要があるのです。それは、生徒は安心感があるからこそ様々なことに挑戦することができるようになるからです。

土台ができあがれば、あとは実際に生徒が自分たちでクラスを動かしていくために必要な③のフォロワーシップと④のリーダーシップを育てていく段階へと進みます。

リーダーとは、チームを引っ張っていく人のことです。そして、フォロワーとはチームを支える人のことをいいます。

極端な話をいうとチームには、目的や目標を達成するために引っ張っていくリーダーとそれを支えるフォロワーのみが必要で、それ以外のメンバーは必要ではないのです。よくあるケースとしてはネガティブな発言を繰り返してクラスの雰囲気を悪くする「クレーマー」や、自分は何も協力はしないもののクラスからの恩恵だけは貰おうとする「フリーライダー」です。まずは、いかにこの「クレーマー」や「フリーライダー」を減らして、「リーダー」や「フォロワー」を育てていくかが重要になります。

ここではあえて、「リーダーやフォロワーを育てる」ではなく、「リーダーシップやフォロワーシップを育てる」と表現しました。それは、特定の誰かだけをリーダーとして育てたいわけではなく、クラスの生徒一人ひとりのリーダーシップを育てたいと考えているからです。なぜなら、学級経営の目的は、良いクラスを作ることだけではなく、良いクラスを作る過程の中で磨かれた力を生徒一人ひとりの人生で役立ててほしいからです。

もちろん得意・不得意はありますが、私は全ての生徒のリーダーシップやフォロワーシップを育てようとすることを大切にしています。

また、私はフォロワーシップを先に育てるべきであると考えています。理由は、フォロワーシップが育っている集団の方がリーダーシップを発揮しやすいからです。初めから高いリーダーシップを発揮できる生徒もいますが、フォロワーシップが育っていない状態でリーダーシップを発揮できる生徒は一握りです。

リーダーシップを発揮することが得意ではない生徒でも、「クラスの為にこんな取り組みをしたいから一緒にしない？」と聞いたときに、「いいよ！　面白そう！」という返事が返ってくると思えることで、勇気をもってリーダーシップを発揮する事ができます。だからこそ、リーダーシップを育成する前に、フォロワーシップを優先して育てておく必要があるのです。

このように、まずはチームの土台を作るために、①チームの意識統一を行うことでチームとして目指すべき方向を定め、②心理的安全性を高めることで生徒一人ひとりにとってクラスが安心できる場を作ります。その上で、自分たちで物事を進めていくことができるようにするために、③フォロワーシップを高めてから④リーダーシップを育てていく、という流れになります。

もちろん、四つの要素は関連し合っています。土台ができなければリーダーシップを育ててはいけないというわけではありません。また、一度土台ができたからといって、もう土台づくりをしなくてもよいかといえばそう言うわけでもありません。大切なことは一年間を通して全ての要素を育てていくことですが、その中でも時期によって特に力を入れて育てていく要素を変えていく必要があります。

それでは、ここからは具体的に一つひとつの要素を説明します。

第1節 チームの意識統一

まず初めに、チームとして意識統一する必要があります。統一しなければいけない意識とは次のようなものがあります。

①チーム意識
②目的
③目標
④手段
⑤チームとしての価値観

このような要素をチームとして統一していくことでチームとしての土台ができます。

チーム意識

まず、最も重要なことは「チーム意識」を持つことです。つまり、「自分はこのチームの一員である」と認識することで、「これからクラスの中で起きる変化は、自分に大きく関係することである」と自分事に捉えるということです。このチーム意識がなければ、一年間を通して起きる全ての出来事が自分には関係のないものだと認識することになり、チームの中で成長することはありません。だからこそ、当たり前のことですが、「自分がチームの一員である」という意識を持ち、自分事として捉えることが最も大切なことです。これは、以下の②③④を共有していく中で培われていきます。

目的・目標・手段

目的とは「実現しようとしてめざす事柄」です。

最終的に目指すべき到達点であり、これを設定することで方向性が決まります。別の言い方をすると【意義目標】とも言えます。目的【意義目標】は方向性を示すものだからこそ抽象的なものになりやすいという特徴があります。

目標とは「行動を進めるにあたって、実現・達成をめざす水準」です。

つまり、目的を達成する道の中に作った途中地点のことです。別の言い方をすると【成果目標】とも言えます。目標【成果目標】は達成したかどうかを測ることが必要になるために具体的に設定することが必要です。

手段とは「ある事を実現させるためにとる方法」です。

つまり、目標を達成するために行うことを指します。別の言い方をすると【行動目標】とも言えます。手段【行動目標】は実際に行動できるように具体的に設定することが大切です。

ここまでをまとめると、次のような流れになります。

「目的【意義目標】」を最終的なゴールとして目指すべき方向を示し、目的を達成するまでの道のりに、「目標【成果目標】」があります。そして、その「目標【成果目標】」を達成させるために、「手段【行動目標】」があるということになります。

『THE TEAM 5つの法則』（麻野耕司、幻冬舎）では、一九九七年にサッカー日本代表の監督に就任した岡田武史監督が設定したと言われている目標が紹介されています。

【意義目標】
「日本のサッカーで史上成し遂げたことのない成績を残す」
【成果目標】
ワールドカップベスト４入り
【行動目標】６つの指針
①楽しんでやる

②自分でやる
③勝つためのベストをつくせ
④今目の前のことに集中せよ
⑤常にチャレンジせよ
⑥まずは挨拶せよ

このように、目的・目標・手段を正しく設定することで、チームとしての意識が統一されます。

学級経営の場合も同じだと考えています。生徒自身が目的・目標・手段を共通して理解することが大切です。そして、自治的な学級を目指すのであれば、クラスの目的・目標・手段を生徒が主体的に設定していくことが大切になるのです。以下に、私が実践したことを記します。

クラスでの目的

目的とは、方向性を指し示すものです。目的とは、学級経営でいうと、学級目標です。四月に新たなクラスができたら、学級目標を設定する先生が非常に多いのではないでしょうか。私は、学級目標といっても、実際には目的【意義目標】の役割を果たすものだと捉えていますので、抽象的でも構わないと考えています。

学級目標とは、「一年後にこのクラスはどんなクラスになっていたいか。また、一人ひとりがどんな成長した姿になっていたいか」といった思いをスローガンとして掲げるものです。大抵の場合は、この学級目標を決めることがクラスで話し合われる初めての議題になるのではないでしょうか。これから一年間の進むべき方向性が決まる大切な話し合いなので、生徒たちの価値観が反映された上で、生徒の納得値を高めることが重要です。細かな学級目標の決め方は第2章で解説します。

目的（クラス目標）の例

クラスの生徒の価値観
「クラスのみんなが団結したクラスにしたい」
↓
クラス目標
「ONE TEAM」

といったように、クラスの進むべき方向性がわかるものを設定します。

クラスでの目標【成果目標】

目標とは、目的を達成するために設けためあてのことです。この目標を設定するタイミングは多く存在します。体育祭・文化祭や修学旅行といった行事ごとにそれぞれの目標を設定したり、一学期の目標や二学期の目標といったように学期ごとに目標を設定したり、月ごとや一週間ごとに目標を設定することができます。

クラスでの目標の例

「クラスのみんなが団結したクラスにしたい」という目的をもっているクラスの場合は例えばこのような目標になります。

新しいクラスになったばかりの目標
↓　「一週間以内にクラス全員の名前を覚える」
体育祭での目標
↓　「優勝を目指して取り組む中で、クラスメイトの良い所を見つける」

ポイントは、具体的に目標を設定することです。「頑張る！」といった、達成したか達成していないかわからないような抽象的な目標は避けます。

クラスでの手段

手段とは、それぞれの目標に対して具体的にどのような行動や取組を行うかをいいます。手段はとにかく具体的に考える必要があります。目標は設定しただけではクラスに変化は起きませんし、成長もありません。大切なことは、行動を起こして初めて成長できると言うことです。だからこそ、手段は具体的に設定して、実際に行動を起こすことができることが大切なのです。

クラスでの手段の例

目標が「一週間以内にクラス全員の名前を覚える」の場合

一クラス四〇人として、一週間で覚えるためには、一日八人覚える必要がある。

そこで、朝登校したら一日八人の生徒に、「〇〇さん、おはよう」というように、名前を呼んでからあいさつを行うようにする。

目標が「優勝を目指して取り組む中で、クラスメイトの良い所を見つける」の場合

・リーダーを中心に〇月〇日までに、全員リレーの必勝方法を調べる。
・昼休みにクラスでバトンパスの練習をする。
・昼休みに、一緒に練習しない生徒に対しては、仲のいい生徒が一緒に練習しようと声をかける。

・一日の終わりに終礼で、クラスメイトの頑張っていたこと・よかったことを振り返りメモをする。

このように、目標を達成するためには、どのような行動をしていけばいいかを設定していきます。

揃える必要がない価値観と揃える必要がある価値観

目にはなかなか見えないもののクラスに大きく影響を与えるものがあります。それが「価値観」です。価値観とは、「物事を評価する際に基準とする、何にどういう価値を認めるかという判断」のことをいいます。この価値観には、揃える必要のない価値観と、揃える必要のある価値観があります。

揃える必要がない価値観は、個人の価値観です。ある事実があった時に、その事実から感じる感じ方は人それぞれです。例えば、生徒は一人ひとり好きな食べ物が違います。同じ食べ物を食べたという事実があっても、それを美味しいと思うのか、苦手だと思うのかは差があります。授業に対しても同じです。体育が好きな生徒もいれば嫌いな生徒もいます。体育が好きな生徒の中にも、バスケットボールが好きな生徒やサッカーが好きな生徒がいます。リーダーとして人を引っ張っていくことに憧れを持っている生徒もいれば、人をフォローすることが好きな生徒もいます。これらの価値観は統一する必要がありません。この一人ひとりの感じ方や考え方の違いを個性として活かす方が重要です。

しかし、統一するべき価値観もあります。それは、チームとしての価値観です。基本的には一人ひとりの価値観はバラバラで良いのですが、チームとして押さえておかなければいけない価値観もあります。

例えば、

・学校は成長する場であること
・成長するためには、挑戦が必要であること
・挑戦するためには、安全が欠かせないこと
・その安全は、特定の誰かだけではなく、クラスに関係する全てにとって必要であること

これらの話は、実際に私が黄金の三日間とも言われる四月の初めに生徒に伝える話です。この様な価値観が、クラス全体で共通認識されている事で、この先一年間の学級経営がスムーズに進みやすくなります。「学校は成長する場である」という価値観がクラス全員に浸透していると、授業妨害をすることは自分やクラスメイトの成長を妨げていることになるので良くないことだということがわかります。挑戦する姿は素晴らしいという価値観がクラスに共通認識されていれば、挑戦しようとする勇気が湧きやすくなります。クラスの中には安全が大切だとい

う価値観が共通認識されていれば、挑戦して失敗した仲間に対して馬鹿にしたり、攻撃したりする生徒はいなくなります。そして、クラスの一部ではなくクラスメイト全員にとって安全が大切だという価値観が共通認識されていれば、クラスの中での差別やいじめが起きません。このように、クラスにとってここだけは外せないというポイントは、クラスとして価値観を共有しておく必要があるのです。

生徒一人ひとりの違いを認め合い、尊重しつつも、クラスにとって大きな影響を及ぼすチームとしての価値観を育んでいくことで一体感や安心感が生まれます。

このように、生徒が主体的に目的・目標・手段を設定し、価値観を共有したり受け入れたりしていくことで、チームとしての意識が統一され、チーム力を高めるために必要な土台となるのです。

第2節　心理的安全性
＝安心して言い合えるクラス

心理的安全性とは先に述べた、「組織やチーム全体の生活に向けた、率直な意見、素朴な質問、そして違和感の指摘が、いつでも誰もが気兼ねなく言えること」を指します。

この心理的安全性という言葉は、インターネット関連の世界最大手企業、Googleでも大切にされています。『世界最高のチーム　グーグル流「最少の人数」で「最大の成果」を生み出す方法』（ピョートル・フィリクス・グジバシ、朝日新聞出版）では、生産性の高いチームの特徴として紹介されています。その特徴が次の五つです。

①チームの心理的安全性が高いこと
②チームに対する信頼性が高いこと
③チームの構造が明瞭であること
④チームの仕事に意味を見出していること
⑤チームの仕事が社会に対して影響をもたらすと考えていること

そして、この五つの中で一番大切なのは、①の心理的安全性であり、チーム内の心理的安全性を高めることの重要さが書かれています。心理的安全性が高いチームになると、「安心してなんでも言い合えるチーム」になることができると、Google の社内調査で明らかになりました。

つまり、自己認識・自己開示・自己表現ができる状態になることで、チームの中に信頼が生まれ、お互いを尊重し合える関係へとなるのです。

これは学級経営を行う中でも非常に大切なものです。クラスの中でいうと、「生徒が自分の意見を伝えたり、挑戦して失敗した時にも、クラスの誰からもバカにされたり、責められたりせずに安心できる状態」のことをいいます。

「思われたらどうしよう」から解放する

心理的安全性が低い状態とは、自分が発言することで、チームのメンバーが自分の発言を拒絶したり、罰を与えたりしてくるように感じる状態です。つまり、他人の顔色を伺っている状態とも言えます。

この状態で発言するということは、一般的には次のような不安が高まります。

・無知だと思われることへの不安が増す
・無能だと思われることへの不安が増す
・邪魔をしていると思われることへの不安が増す
・ネガティブだと思われることへの不安が増す

これを中学生に置き換えるとこのようになります。

・あいつそんな事も知らないの？
・あいつこんな事もできないの？
・あいつが話すといつも話が止まるから邪魔なんだよな……
・あいついつも批判的なことばっかり言うから嫌なんだよな……

実際に、「クラスメイトにそう思われる」ではなく、「思われたらどうしよう……」と思うだけで、その生徒は挑戦できなくなってしまいます。自分の意見を伝えることができない生徒にとっては、クラスでどんな話が進んでも「自分事」にはならないので主体性が育まれることもありません。一見、スムーズに話し合いが進んでいても、一部の生徒の発言が採用されるだけで集団としては育っていない状態になります。先生方も初めての人達との研修などで、大人数の前で発表することに抵抗のある方も多いのではないでしょうか。

心理的安全性が高いとどうなるか

心理的安全性が高まり、生徒が他のクラスメイトに自分の発言を批判されないという確信を持つことができると、「なんでも言い合える関係」になります。

生徒にとって心理的安全性が高まり、「なんでも言い合える関係」になると次のような効果が現れてきます。

①自分事として考えることができる。
②実行しようとする意識が高まる。
③協力できるようになる。
④深い学びが生まれる。

これらの効果を簡単にですが、一つずつ解説していきます。

①クラスの課題を自分事として捉えることができる

心理的安全性が高まり、クラスの中で発言できるようになると、仲間が受け入れてくれることでクラスに承認されているという感覚がでてきたり、自分の発言がクラスに採用されたりし、「自分はクラスに貢献できている」という実感が生まれます。クラスへの所属感・自己肯定感・責任感が高まり、よりクラスの課題を自分事として捉えることができるようになるのです。

②決定したことに対して行動しようという意識が高まる

自治的な集団を作っていく為には、「教師が決めた」ではなく、「自分たちで決めた」と生徒に思ってもらうことは非常に大切です。そして、その「自分が決めた」という感覚は、話し合いの場で自分の意見や想いを十分に発言できている時に生まれるのです。

③クラスメイト同士で協力できるようになる

協力をするための基本は、コミュニケーションです。相手を助けようと思っても、相手が何に困っているかわからなければ助けようがありません。

「もしかして、相手は困っているかな？」

と思っていても本当に困っているという確信がもてなければ、

「いらないおせっかいになったら嫌だな……」

と思って、助けようとしないケースがよくあります。心理的安全性が高まると、相手が「困っているかな？」と思った時に、

「困っていることはない？　手伝おうか？」

と自然に声をかけることができるようになります。こういったコミュニケーションがとれるようになると自然と協力することができるようになっていきます。

④深い学びが生まれる

「深い学び」とは、学習活動を行う中で、ただ単に新たな知識を手に入れるだけではなく、これまで学んできた知識と関連をもたせたり、自分の考えとは違う情報に触れたりすることで新たな視点をもち、さらに自分の考えを深めていくことが重要です（中央教育審議会答申（平成二八年一二月）より）。

自分一人で考えているだけでは、新たな情報や考え方に触れ、深い学びに達することは難しくなります。クラスの心理的安全性が高まると、クラスメイトが発言することができるようになり、話し合いが活発になります。話し合いが活発になれば、自分の意見と違う意見がでるようになります。この「自分と違う意見」はこれまで自分の中にはなかった新たな視点です。だからこそ、いろんな立場の人が、いろんな視点での話し合いが行われることで、これまで自分にはなかった新たな視点が生まれ、深い学びへ繋がる大きなチャンスになるのです。

心理的安全性を高めるために大切なこと

私は、心理的安全性を高めるために、次の二つが大切であると考えています。

①価値観・考え方の違いを批判せずに受け入れること
②信頼し合える人間関係をつくること

①相手の価値観を受け入れるための三つのポイント

まず大切なのは、相手を受け入れようとする心です。この心がない人は、常に相手を批判的にみることになります。また、自分の価値観や考えだけでしか物事を捉える事ができなくなってしまいます。

他者の価値観や考え方は、これまでの自分にはなかった新たな価値観や考え方の視点になる事が多くあります。この「自分との違い」を受け入れる事で、新たな発見や、深い学びが生まれます。だからこそ、相手を受け入れないということは、結果として成長のチャンスを逃すことになってしまうのです。

では、具体的に何を受け入れることができれば良いのでしょうか。それは次の三つです。

①相手の失敗を受け入れる
②相手との違いを受け入れる
③相手のクリエイティブを受け入れる

まずは、お互いの失敗を受け入れることが大切です。もし仮に、失敗しないものがあったとしたら、それは今の自分にとって簡単にできるものです。簡単にできる事を何度行っても成長はありません。成長とは、今まで出来なかったことが出来るようになることです。つまり、出来ないことがあって当たり前なのです。だからこそ、失敗は成長するための道のりに必ずあるものだと思って成長しようとしているクラスメイトの失敗をバカにしたり、攻撃するのではなく、その「挑戦」を認める事が大切なのです。

もし、誰かの失敗に対してバカにしたり攻撃したりすると、バカにされた生徒は今後挑戦することをやめてしまうかもしれません。失敗をしてバカにされるぐらいなら、挑戦をしないという考えになってしまう生徒も現れます。挑戦しなければ失敗もありませんが、成功も成長もなくなってしまいます。

だからこそ、仲間の失敗を受け入れ合う事が非常に大切なのです。

次に、受け入れたいものは「違い」です。クラスの中に同じ人は誰一人いません。得意なことも、苦手なことも違います。当然考え方も違います。同じ出来事に遭遇しても、捉え方も違います。どれだけ気の合う仲間であっても、考え方や価値観の違いはあります。この「違い」をどう捉えるかが大切です。

あなたはこの世の中に何種類の仕事があるかを知っていますか？　労働政策研究・研修機構によると、なんと約一万七〇〇〇種類以上の仕事があるとされます。この世の中は、多くの仕事が存在し、それぞれが個性を発揮し合っています。人と得意・不得意が違うからこそ、私たちは助け合えます。人と興味関心が違い、やりたい仕事や叶えたい夢が違うからこそ、私たちは豊かになります。人と意見が違うからこそ、私たちは新たな気づきを生むことができます。だからこそ、違いを受け入れ、違いを楽しめるようになって欲しいものです。

最後に受け入れて欲しいものは、「クリエイティブ」です。多くの組織が簡単に変わらないのは、「現状維持バイアス」という、現状を保とうとする傾向があることが一因と言われます。これまでになかった新しいものに対して、批判的に捉える人がいます。しかし、新しいことに挑戦しなければ、良くて現状維持であり、大抵の場合は衰退することになります。これからの世の中は、ＡＩをはじめとして様々な技術の発達により、これまで以上に速いスピードで変化していく事が予想されるからこそ、クリエイティブに変化することを恐れてはいけないのです。

そこで、仲間がクリエイティブに考えた新しいアイデアを初めから批判的に捉えるのではなく、一度受け入れ、どうすればそのアイデアが実現できるかを一緒に考えていけるような関係性を作っていく事が必要です。

この関係は、もちろん生徒同士だけでなく、私たち教師と生徒の間でもいえる事です。生徒は時として、私たち教師では思いつかないようなアイデアを思いつく事があります。だからこそ、私たち教師も生徒のクリエイティブな挑戦を受け入れて応援したいものです。

信頼し合える人間関係を作る三つの心理学の知識

心理的安全性を育むために、お互いが信頼できる人間関係を作る必要があります。まずは、そのために役に立つ心理学の知識を三つ紹介します。あくまで、これは「ある条件下において、特定の行動をとりやすい」という実験結果に基づく理論です。なので、必ずしもそうなるというわけではありませんが、私はこれらの知識は、非常に効果的なものであると考えています。ぜひ取り入れてみてください。

①単純接触効果

単純接触効果とは、「何度も顔を合わせていると、その人に好感を持ちやすくなる」という効果です。アメリカの心理学者ロバート・ザイアンス（Robert Bolesław Zajonc）が論文にまとめたとされます。

例えば、テレビを見ている時に、新しく出てきたタレントさんがいたとします。はじめは、「この人は誰だろう……」と思っていても、そのタレントさんがブレイクして何度も出演するようになると、そのタレントさんのことをよく知らなくても、徐々に「なんだかこのタレントさんいいな」と思うようになった経験はないでしょうか。これは、単純接触効果によるものです。

②類似性の法則

類似性の法則とは、「人との間に何か共通点があると、その人に好感を持ちやすい」という法則です。アメリカの社会心理学者セオドア・ニューカム（Theodore Mead Newcomb）が最初にまとめた法則とされます。

例えば、私が担任をしていた生徒の中に、熱烈に好きなアイドルがいる女子生徒がいました。私が当時勤務していた学校では、お昼の放送として毎日曲が流れていました。ある日のお昼の放送で、その女子生徒が大好きな曲が流れてきたのです。すると、その女子生徒は嬉しくなって、テンションが上がって、「あっ！」と反応してしまいました。

すると、もう一人、教室の中に同じような反応をした女子生徒がいました。

お互いの反応を見ていた女子生徒は、「もしかして、このグループ好き？」と話しかけました。

「大好き‼」「えー！　私も！」

このきっかけから、一気にその二人は仲が良くなりました。このように、何かの共通点が見つかると仲良くなりやすくなります。

③返報性の原理

返報性の原理とは、「何かをしてもらうと、それを返したくなる」という原理です。アメリカの心理学者ロバート・B・チャルディーニ（Robert Beno Cialdini）が唱えています。

例えば、

・いつも元気に挨拶してくれる人には、こちらも挨拶しようと思う。
・困っている時に助けてくれたから、今度相手が困っていることがあれば助けたいと思う。
・誕生日プレゼントをもらったからその人の誕生日にお祝いをお返ししようと思う。
・好きな人を教えてもらったから、自分の好きな人も話した。

といったものです。

だからこそ、相手に何かをやって欲しい場合には、まずは自分が先にやる事が非常に大切なのです。その方がお互い気持ち良く過ごすこともできます。

人間関係を作るために大切な三つのこと

信頼し合える人間関係を作るためには大切なことが三つあります。それは次の通りです。

①双方向の自己開示を行うこと
②類似性の法則と帰属意識
③共同作業の中で笑いが起こる

①双方向の自己開示を行うこと

ここでは、自己開示とは「自分のプライベートな情報を相手に伝えること」とします。人間は、自分が信用できると思った人に自分のプライベートな話をしたりしますが、逆のケースも起きます。つまり、「自分のプライベートな深い話をしてしまったこの人は、きっと信頼できる人に違いない」と思う心理が働くのです。

しかし、急に深い自己開示を相手がしてくれることはあまりありません。そこで、まずは教師から自己開示をすることが大切です。そして、生徒が自己開示しやすい雰囲気を作り、生徒同士でも自己開示ができるようにしていきます。

しかし、「自己開示の重要性はわかったけど、どのような事を自己開示すればいいのかがわからない」という悩みが出てくるのではないでしょうか？　そんな人のために、オススメの自己開示のテーマを七つ紹介します。

1．自分が幸せに感じること、楽しいこと

【期待できる効果】

ポジティブな内容になりやすく、互いが打ち解けるきっかけになりやすい。

2．自分がイライラしたこと、許せないこと

【期待できる効果】

お互いにイライラするポイントがわかるようになるので、その後の付き合いで無駄な衝突を減らすことができる。

3．自分の弱点やマイナス点

【期待できる効果】

悩みや弱さを打ち明けることで、相手に自分を客観的に把握できている人だと思われることで、「しっかりした人」という印象を与える。

4．恥ずかしかった体験や失敗談

【期待できる効果】

人間らしさを相手に伝えることができる。そして、生徒に失敗談を語ることで、「先生はす

ごい人」というレッテルをはがせるので親密度が高まりやすくなる。

5．自分が改善したいこと

【期待できる効果】

今まで何をしてきたかよりも、これからどんなことをしていきたいかを自己開示することがより魅力的な人間に見せることが出来る。

6．自分の夢や目標、野望

【期待できる効果】

自分の夢や目標、野望を打ち明けることで、お互いが大切にしている価値観がわかる。さらに、悩み・改善したいこと・改善方法を伝えると効果的。

7．自分の趣味や興味

【期待できる効果】

自分が趣味に興味を持ったきっかけやそれを学んだことなどのエピソードを交えながら話すことにより相手も会話に加わりやすくなる。

このようなテーマでまずは教師から自己紹介してみてください。

そして、自己開示をしても周りは受け入れられるという感覚ができてきたら、生徒同士でも自己開示ができるように促してみてください。人間関係ができやすくなります。

②類似性の法則と帰属意識

様々な意見が飛び交うことで、新しい価値を生み出すクリエイティブな集団においては、個と個が網目のように結びついていることが理想です。そうしたつながりは、先ほど説明した「人との間に何か共通点があると、その人に好感をもちやすい」という類似性からも生まれます。

加えて「帰属意識」も大事になります。帰属意識とは、特定の組織や集団に属しているという意識のことを指します。この帰属意識が生まれることで、人間関係ができやすくなります。

例えば、次のような経験はないでしょうか。

帰属意識の例

- 他のクラスの友達より、同じクラスの友達の方が仲良くなる
- 同じ部活動に所属している人と仲良くなる

・大人になってからも、自分の母校で所属していた部活動を応援する
・あまり野球には興味ないが、「阪神VS巨人戦」は大阪に住んでいる人は阪神を、東京に住んでいる人は巨人を応援する
・ワールドカップなどの世界大会が行われると日本を応援する

このように、同じグループであると認識すると人間関係ができやすくなります。そこで、グループ活動を上手く取り入れていくことが有効になります。ペア活動・四人班活動・六人班活動・男女グループ・クラス全体といったグループを目的に応じて設定してください。

そして、

「○○中学校のみんなの力を合わせて」

「チーム一年生なら」

「私たちのクラスなら」

というように、チームであるという意識を高める声かけをすることで、帰属意識を高めることもできます。


ここで注意して欲しいことは、全体としての帰属意識を高めることです。決して、ある特定のグループだけの帰属意識を高め、グループ同士が争いあうようなことがあってはいけませんが、クラスとして、学年として、学校としてなど、チーム全体としての帰属意識を高めていく

ことを目指していくことが大切です。

③共同作業の中で笑いが起きる

心理学の考え方の中に、何かしらの共同作業をしているときに笑いを共有すると、一気に帰属意識が高まるという考えがあります。この笑いとは、「ギャグ」や「ユーモア」ではなく、「プレイフルネス」と呼ばれる能力が必要です。

プレイフルネスとは

・どんな状況でも自分と周りの環境に対して楽しいことを見つけ出す力
・どんな状況でも遊び心を持って打開策を探ることができる力

チームビルディングやレクリエーションといった集団で取り組む要素が入った活動を行い、グループでの共同作業を行うなかで、自然と笑顔になれる状態になれば人間関係は良くなっていくのです。

これまで解説してきたように、クラスの心理的安全性が高まることで、生徒はイキイキと挑戦することができるようになります。だからこそ、心理的安全性を高めることは年間を通して意識し続けてください。

第3節　フォロワーシップ

＝積極的で主体的なフォロワーを！

クラスにおけるフォロワーシップとは、「生徒が、積極的かつ主体的にリーダー・他の生徒・教師などに働きかけ支援すること」です。チームというものはリーダーの存在だけでは上手く機能しません。チームがうまく機能するかどうかは、フォロワーの存在にかかっています。なぜなら、リーダーの役割は、フォロワーシップを発揮させることだからです。

教師になって間もない私は、リーダーシップを育てることばかり考え、フォロワーシップを育てることなんて頭にありませんでした。フォロワーシップの重要性に気がついていなかったのです。

もし、あなたがリーダーとして体育祭を盛り上げようと思い、「体育祭優勝するぞー！」とクラスの前で発言した時に、次のどちらのケースの方がやりやすいでしょうか。中学生に戻ったつもりで考えてみてください。

ケース①　Iクラスメイトは、「オー！」と賛同してくれるが、あとはリーダー任せで何もしない。

ケース②　Iクラスメイトは、「オー！」と賛同し、その後、「リレーの作戦を一緒に考えよう！」「みんなで盛り上がるための円陣は僕たちが作るね！」「バトンパスが苦手な人は今度の昼休みにみんなで練習してみよう！」と主体的に周りの生徒に働きかけるフォロワーが多くいる。

そう考えると、フォロワーの重要性がわかるはずです。フォロワーシップがなければリーダーがどれだけ頑張ってもチームはうまく機能しないのです。

フォロワーシップの五つのタイプ

このフォロワーシップは「積極的か消極的か」「主体的か依存的か」の二つの組み合わせによって次の五つのタイプに分かれます。

①グッドフォロワー
②イエスマンフォロワー
③指示待ちフォロワー
④評論家フォロワー
⑤妥協フォロワー

図で表すとこのようになります。五つのタイプの違いを解説していきます。

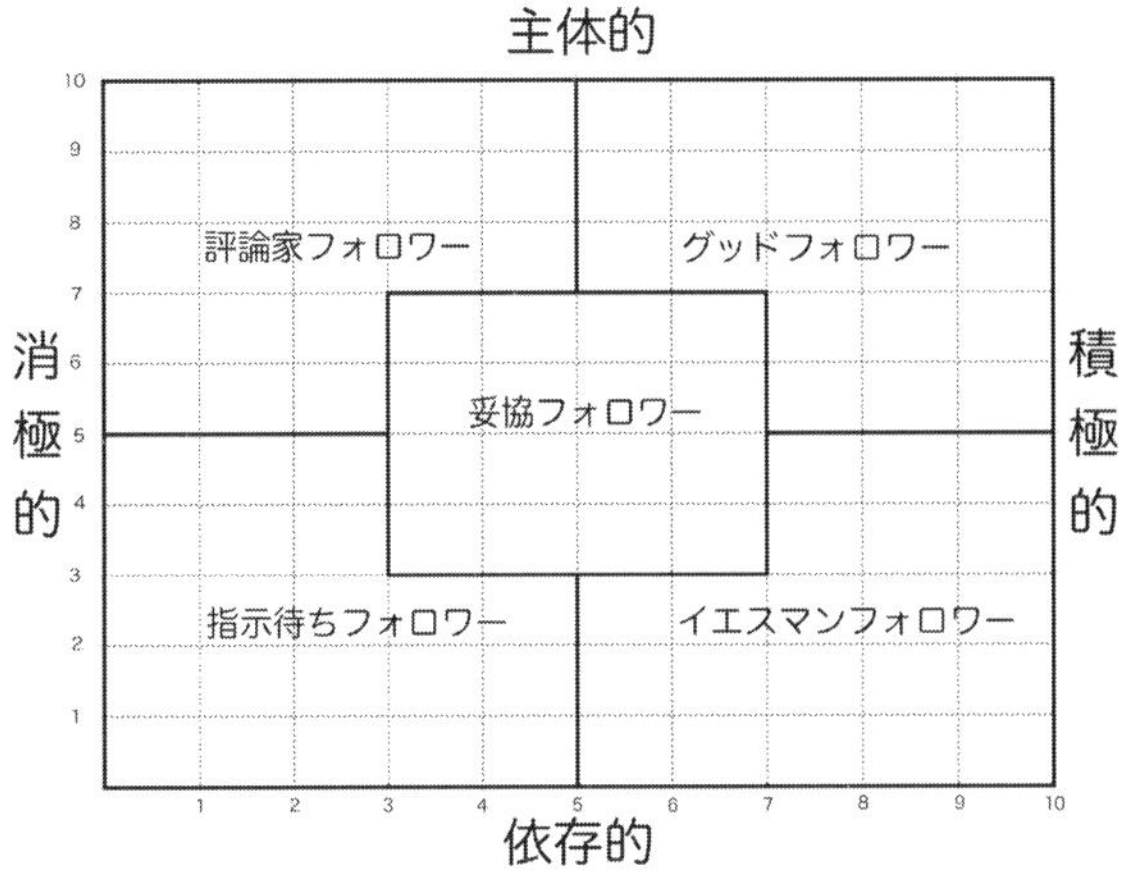

①グッドフォロワー

積極的　◯　　主体的　◯

このタイプが理想のフォロワーです。自ら考え、考えたことを行動に移すことができます。

いい点

- 自ら問題を発見し、担任・リーダー・クラスに問題が起きていることを伝えることができる
- クラスの問題に対して自ら問題の解決方法を考えて、担任・リーダー・クラスに改善方法を提案することができる
- 問題を解決するために必要な準備（道具の用意・協力者への声かけ・事前に許可をもらう）を自ら考えて行動することができる

悪い点

・なし

このタイプのフォロワーが多くいるチームは、チームとして成果を発揮しやすくなります。

②イエスマンフォロワー

積極的 ◯　主体的 ×

このタイプはイエスマンであることが多くあります。積極的なので行動は起こす気持ちはありますが、依存的なので自分で考えることはありません。

いい点

・「次は何をしたらいいですか？」「何かできることはありますか？」とリーダーや担任に質問することができる
・言われたことに対しては積極的に行動することができる

悪い点

- 自分で考えていないので、指示されたことしかできない
- 新しいイノベーションを起こすことはできない

③指示待ちフォロワー

積極的　×　主体的　×

このタイプはチームにマイナスの影響を与えるケースが多くあります。このタイプのフォロワーが多いと、雰囲気が重たくなりチームのリーダーがしんどくなるケースが多くあります。

いい点

- なし

悪い点

- 依存的なので、自分で考えずに言われたことだけにしたがう
- 消極的なので、指示をされても進んで行動しない

④評論家フォロワー

積極的　×　主体的　◯

このタイプは意見を言うものの自分では行動をしません。

いい点

- 自ら問題を発見することができる
- 問題に対して自ら問題の解決方法を考えることもある

悪い点

- 意見はいうものの実際に行動しない
- チーム意識が欠如している

⑤妥協フォロワー

積極的　△　主体的　△

このタイプは、積極性も主体性もないわけではありません。なので、チームに対してマイナスの影響を与えませんが、「これぐらいでいいか」と妥協する傾向があります。

いい点

・積極性も主体性もある程度はあることから一定の成果をだすことはできる

悪い点

・一定の成果はでるものの大きなイノベーションが起きることはない

目指すべきは「グッドフォロワー」

ここまで、五つのフォロワーシップのタイプを紹介しました。この中で、目指すべきは「グッドフォロワー」です。

イエスマンフォロワーや妥協フォロワーはチームに悪い影響を与えるわけではありませんが、指示待ちフォロワーや批判的な評論家フォロワーは、チームにマイナスの影響を与えることになります。そこで、クラスメイトの「積極性」と「主体性」を高めていくことでグッドフォロワーを目指していきます。グッドフォロワーが多いチームは大きな成果を発揮できるチームへと成長することができるからです。

フォロワーシップを測定する一〇の質問

ここまでで、フォロワーシップの五つのタイプの違いを理解していただけたと思います。では、実際にあなたのクラスの生徒は、五つのタイプのうち、どのタイプなのでしょうか。ここでは、生徒がどのタイプかを判断する時に参考になる一〇個の質問を紹介します。

質問の項目は、中学生を想定してつくったものです。中学生には少し難易度が高く感じるかもしれませんが一度一〇個の質問に答えてもらってみてください。

【フォロワーシップを測定する一〇の質問】

「積極的か」に関する質問

①クラスメイトの困りごとや悩みを解決する為に、リーダーや教師に積極的に繋げている
②クラスでの話し合いでは、リーダーや担任の発言に対し積極的に質問や意見をしている
③リーダーや教師に「サポートできる事はないか」と積極的に確認している
④クラスメイトや教師と良好な人間関係を築けている
⑤自分の係や役割を超えて影響力を与えている

「主体的か」に関する質問

①クラスで明るみになっている問題に対して、自分なりの解決方法をリーダー・教師・クラスに提案している
②水面下に隠れているクラスの問題を把握している
③その水面下の問題に対しての自分なりの解決方法をリーダー・教師・クラスに提案している
④いかなる生徒・教師でも遠慮せず本音で会話をするようにしている
⑤このクラスは自分が良くしないといけないと思っている

私はこれらの質問に対して「当てはまらない 0」「すこし当てはまる 1」「当てはまる 2」というアンケートをとり、「積極的かに関する質問」と「主体的かに関する質問」にそれぞれの合計得点を数えています。あとは先ほどの図を見て、それぞれの生徒に自分がどのフォロワータイプに当てはまるのかを分析してもらいます。もちろん、このアンケートだけで全てが分かるわけではありませんが参考にはなります。また、これは学校運営でも同じ事が言えますので、先生方にもやってもらうと面白いかもしれません。

実際にクラスでこのアンケートをとってみると、クラスの中で誰のフォロワーシップが高い

かどうかが数値として現れるので非常に参考になります。私が担任していたクラスでも、クラスの中に全てのタイプのフォロワーがいました。

あなた自身やクラスの生徒たちがどのタイプのフォロワーシップのタイプかが分かれば後は「積極的」かつ「主体的」になれるように成長を促していけばいいのです。

＝積極的に行動するために大切なこと

生徒が積極的に行動を起こすようになるためには次の三つが大切です。

①心理的安全性を高める
②結果ではなく挑戦した過程を認める
③give し合うことによる自分の成長を感じられる機会をつくる

①心理的安全性を高める

心理的安全性を高める重要性はすでに四七ページに書いているので、詳しくそちらをご覧いただければと思いますが、生徒の積極性を高めるためには、生徒一人ひとりの心理的安全性を高めておくことが必要です。

一度、想像してみてください。あなたが発言をした時に「お前の考え方は間違っている」と頭ごなしに否定されたらどう思うでしょうか。あなたが挑戦し、失敗した時に「そんなことも出来ないなんて……格好悪いな」と批判されたらどう思うでしょうか。きっと二度と挑戦したくないと感じてしまうのではないでしょうか。

だからこそ、生徒にとって教室が安全な場であることが、積極的に行動を起こすための土台となるのです。

②結果ではなく挑戦した過程を認める

心理的安全性が高まると、生徒は積極的に行動することができるようになってきます。ここで大切なのが、生徒が積極的に挑戦した時に、「後悔させないこと」です。

もちろん、挑戦した結果が成功であれば生徒は喜び、「やって良かった」と思う事ができます。しかし、挑戦には失敗がつきものです。もし、仮に挑戦した結果が失敗になってしまったとしても、「上手くいった部分もあった」「成功とまではいかなかったが、過程の中で成長できた」「自分のできる事は全てやったから清々しい」と前向きに振り返り、「また挑戦したい」と思える事が大切です。そこで大切なのが、「結果ではなく挑戦した過程を認める」ということです。大切なことは結果がでるまでの過程に隠されています。

積極的に行動した結果が自分の納得できるものではなかったとしましょう。もしそうだとしても、それは今回の結果で、もう一度、挑戦すれば今度は成功するかもしれません。何度やっても成功しなかったとしても、別の目標を持った時に生きるかもしれません。積極的に挑戦する過程を経験することで私たちは成長することができます。だからこそ、頑張って取り組んだ過程に対して、「頑張ったね」「ここまで頑張ってきた努力は素晴らしい」と生徒が積極的に挑戦した行動を認めてあげることが大切です。積極的に行動を行った生徒に「やってよかった」と思わせてあげましょう。

③giveし合うことによる自分の成長を感じられる機会をつくる

『GIVE &TAKE 与える人」こそ成功する時代』(アダム・グラント、三笠書房)という本の中には、人間には三つのタイプがあるという内容が紹介されています。

・ギバー (giver) …………人に惜しみなく与える人。受け取る以上に他人に与えようとする
・テイカー (taker) …………自分を中心として考え、常に与えるより多くを受けとろうとする
・マッチャー(matcher)……与えることと受けとることのバランスをとろうとする

この本の中では、最も成功をする人は「ギバー」であるという内容が書かれています。相手に対して何かをギブをした時に、相手は何かをお返しをしようかなという返報性の法則が働きます。そこで、結果的には多くの人からgiveが返ってくることでより成功しやすくなるということです。

しかし、本当のギバーは、何か見返りを求めてgiveを繰り返している訳ではありません。人に何かを与えたり、役に立つことは、与えられた側と与えた側の両方に喜びを感じさせます。教師としては、生徒が人のために積極的に行動を起こすことができた時には、そのタイミングを逃さずに「ありがとう」「助かった」「◯◯さんも喜んでいたよ」「すごいね」と積極的に行動したことに対して、価値づけをしていきましょう。

自分が行った行動が、ささいなことでも人の役に立ったと実感すると、「また人のために何かをしてあげたい」という思いが強くなり、より積極的に行動を起こそうとするものです。

＝主体的に行動するために大切なこと

◯チーム意識を育てる

生徒が主体的に考えるためには、まずはチーム意識を持つことです。すでに、三八ページでチーム意識を育てる重要性は書いているのでここでは省略しますが、クラスで起きている出来事を「他人事」ではなく「自分事」にする必要があります。チーム意識が高まってくると、主語が「私」から「私たち」へと変わっていきます。まずは、クラスの問題は自分にとって重要な問題であると感じるように訴えかけていくところから始めましょう。

◯「あなたならどうする？」を考えさせる

生徒の主体性を育てていくために次に大切なことは、「あなたならどうする？」と考えさせることです。「あなたならどうする？」と問いかける事で、自分には関係のない話から自分事へと変化します。問題が「自分事」に感じるようになったら、その問題を「自分ならどうやって解決するか」という自分なりの回答を持てるように指導していきます。だからこそ、意識的に「自分で考える時間」を確保するように心がけてください。

解決するべき問題を発見しても、自分で考える前に先生や他の生徒が答えを出していては自分で考える力は育っていきません。そこで、生徒一人ひとりに考えさせるためにも、

「あなたはどう思う？」
「あなたはどうしたい？」
「何か解決できる方法はある？」

と、その生徒なりの価値観や方法・行動を問いかけることが非常に大切です。

課題を解決するための正解は一つではありません。さまざまな正解があるからこそ、生徒一人ひとりの意見を大切にしたいものです。生徒に答えを提示するのではなく、生徒一人ひとりに自分なりの答えを持たせる問いかけを多くしてください。

○決定権を与える

最後に大切にして欲しいのは、「決定権を生徒に与える」ということです。

よく、生徒には「自分で考えろ！」というものの、すでに教師の中に答えを持っていて、生徒が教師の思っている答えと違う答えを出した時に、「違う！　考え直せ！」というふうに指導してしまうことがあります。これを繰り返すことで、生徒は自分のオリジナルの解決策を考えることから、教師がどのような答えを求めているかを考えるようになっていきます。これでは、生徒が本当の意味で主体的に取り組んでいるのではなく、教師の顔色をうかがっているだけになります。

だからこそ、教師は生徒に「任せる」ことが大切になります。

もちろん、明らかに失敗する場合や、その解決方法が誰かの安全を脅かす可能性があるならば、アドバイスをして生徒にもう一度考え直してもらうこともあります。

しかし、正解は一つではありません。だからこそ、教師はできるだけ生徒が考えた課題の解決方法を尊重して実際に実行していくのを支えます。

学校の根本的なルールや生徒指導上の問題でどうしても生徒に決定させることができないことは存在しますが、生徒が決めても問題のない部分は、生徒に決定権を与え、生徒の考えたアイデアが実行されるようにしてください。

生徒が、「自分たちで考えたことは実際に実行できる」そして、「実行したら成果がでる」と感じるようになると主体性は一気に加速します。だからこそ、我々教師は生徒を信じて、任せる勇気を持ちたいものです。

もちろん、初めはアドバイスをだすことが多くなるかもしれません。しかし、継続していくことで必ず成長していくようになり、自治的な集団へと成長していくのです。

第4節 リーダーシップ
＝全ての生徒にリーダーシップを

チームとして何かを行う時に、より高いチームワークを発揮しようとする時には、必ずリーダーの存在が必要になります。チームの人数が多くなればなるほどメンバーの意志がバラバラになりやすくなります。そこで、誰かがまとめる必要があります。しかし、ここでは「リーダーを育てる」ではなく、「リーダーシップを育てる」ということを大切にしています。なぜなら、生徒一人ひとりの人生の中でリーダーシップを発揮することを求められる場面があるからです。例えば、将来働く時、家族との旅行を計画する時、友人と遊ぶ時などがあります。また、リーダーシップといっても、大人数をまとめる時だけでなく、二〜三人といった少人数のグループであってもリーダーシップを発揮する機会はあります。そう考えると、リーダーシップとは決して一部の得意な生徒が身につけるべき力ではなく、全ての生徒に育みたい力となります。だからこそ、その生徒に合った形やペースで生徒のリーダーシップを育てていきたいと考えています。

リーダーシップとは

リーダシップとは「指導者としての素質・能力。統率力」で、「組織をけん引するリーダーとしての資質や能力のこと」と捉えています。

中学生にとって、同い年のクラスメイトの前に立って「こうしよう！」と先導していくことは、かなりの勇気がいることです。私自身が中学生の時には、クラスを引っ張っていきたいとは思ってもいませんでした。教師が何もしなくてもリーダーシップを発揮してくれるような生徒ならいいのですが、そうでない生徒を育てる場合は、まずはこれまで紹介してきた、「チーム意識」「心理的安全性」「フォロワーシップ」がある程度育っていることが大切です。

リーダーシップと言っても、さまざまなリーダー像があります。

実際に私が主催している勉強会で、「あなたにとって理想のリーダーとはどんなリーダーですか？」という質問をしたことがありました。すると、このような答えが返ってきました。

- 誠実なリーダー
- 仲間を大切にできるリーダー
- ついていきたいと思わせるリーダー
- 意見を聞いてくれるリーダー

誠実や仲間を大切にするといった全てのリーダーが持っておいてほしい要素もあれば、ついていきたいと思わせるリーダーと意見を聞いてくれるリーダーといった違う要素を求めていることがわかります。リーダーと一言でいっても、トップダウン型で、リーダーから指示を出して「俺についてこい！」というスタイルを望む人もいれば、ボトムアップ型で、メンバーからの意見をうまく引き出していき「みんなで意見を出し合って作り上げよう」というスタイルを好む人もいます。

トップダウンとは

トップが意思決定を行ない、下の構成人員へ指示を出していく管理方法のことです。クラスでいうと教師がアイデアを出して決定し、生徒に決定事項を伝えていくことになります。

ボトムアップとは

構成人員からの意見や提案をもとに進めていき最終的にトップが組織としての意思決定を行う管理方法のことです。クラスでいうと、生徒からでた主体的なアイデアや提案を聞き、教師がそれを承認するということになります。

また、トップダウンとボトムアップにはそれぞれメリットとデメリットがあります。簡単にまとめると次の通りです。

トップダウン

メリット

- 意思決定から実行までが早い
- 組織として一貫した動きができる
- 大きく舵を切りやすい

デメリット

- チームのメンバーの納得感が低い場合は反発が生まれやすい
- リーダーの能力に大きく左右される
- リーダーの人望がないと上手く機能しない

ボトムアップ

メリット

- チームのメンバーが意見や想いを伝えやすい
- チームのメンバーの意見や想いが反映されやすいため納得感が生まれやすい

・リーダー以外のメンバーも成長しやすい

デメリット

・意思決定時間がかかる
・チームのメンバーの能力に左右される
・大きく舵を切りにくくなってしまう

それぞれのメリットやデメリットに違いがあるので、どちらの方法が優れていて、どちらかの方法は間違っているわけでもありません。そして、必ずどちらかの方法を選択しなければいけないわけでもありません。トップダウンとボトムアップのバランスをとってもいいですし、クラスの発達の段階に合わせて変更しても構いません。しかし、ここでは自分の意見や考えをどんどん伝えていくトップダウン型のリーダーと、チームのメンバーから意見を引き出していくリーダーでは必要とされる要素が違うことを理解してください。トップダウン型のリーダーシップを発揮するためには、いかに自分の意見を相手が納得できるように伝えていくかという力が必要になります。いわば、ティーチングの要素が必要になります。一方で、ボトムアップ型のリーダーシップを発揮するためには、メンバーから意見を引き出し、出て来た意見を議論し、納得感の高い合意形成を行う必要があります。いわば、コーチングやファシリテーションの要素が必要になります。

リーダーシップを育てるための教師の四つの心構え

まず、リーダーシップを育てていくにあたって知っておかなければいけないことは、「リーダーシップの育成には時間がかかる」ということです。さらに、成長するスピードは生徒一人ひとりによって大きく異なります。だからこそ、すぐに結果を求めずに、長期的な視点で生徒を育てていく必要があります。

①強みを生かす

一つ目は、生徒の「強みを生かす」ということです。よくある失敗例は、教師が「リーダーとはこうあるべきだ」という固定概念を持つことです。リーダーの目的は、目標を達成することです。目標を達成するための方法は一つではありません。多くの方法が存在しますし、その全ての方法が正解かもしれません。だからこそ、大切なことは目標を達成できるかどうかで、その目的を達成するための方法はチームやその生徒に合った方法を選択するべきなのです。

クラスには、「伝える」が得意な生徒もいれば、「聞く」が得意な生徒もいます。だからこそ、自分の話をすることが得意でプレゼンテーション能力の高い生徒は引っ張るタイプのリーダーを目指せば良く、人の話を聞くことが得意で仲間の良さを引き出すことが上手い生徒は支えるタイプのリーダーを目指せば良いのです。大切なことは、教師が「リーダーとはこうあるべきである」という固定概念を捨てて、生徒一人ひとりに合った方法でリーダーシップを育てていくことです。

②失敗を許す

次に大切なことは、「失敗を許す」ということです。生徒の成長を願うばかり、成功体験を積ませなければいけないという思いを持っている先生もいらっしゃると思います。もちろん、成功体験を積むことは非常に大切なことです。しかし、ただ成功すればいいのではありません。大切なことは「生徒が自ら考え、行動した結果が成功すること」です。たとえ成功したとしても、教師の操り人形のように行動しただけでは本当の意味での成功とは言えません。だからこそ、生徒が自分で考えて行動することを大切にして欲しいのです。

生徒が、自らの考えで行動を起こそうとしても、私たち教師から見たら失敗しそうな場面もあります。私は、明らかに取り返しのつかない大きな失敗になりそうな時は止めますが、そうでない時には生徒が考えた意見を尊重するようにしています。もちろんより上手くいくようにコーチングをしながら生徒から意見を引き出すサポートはしますが、最後の最後は生徒の判断に任せ実行させます。

この時に大切になるのが、「失敗を許す」ということです。生徒は自分で考えて行動した結果が仮に失敗だったとしても、そこから学ぶことはできます。絶対に失敗をさせてはいけないと強く思えば思うほど、生徒に教師の意見を押し付けることになり、生徒のリーダーシップが育たなくなってしまうのです。

だからこそ、我々教師は、失敗を許せる心の余裕を持ちたいものです。致命的な失敗にさえならなければ、多少の失敗は成長するためには大切な学びとなるのです。もちろん生徒が自分で考えて行動した結果、成功させることが最もいいことは間違いありません。

③最後まで任せる

生徒の失敗を許すことができたら、後は最後まで生徒に任せきってください。よくある失敗は、「君のやりたいようにしてもいいよ」と言っていたにもかかわらず、期限が近づいて土壇場になってきたら教師が最後の最後をとってしまうことがあります。一度任せると決めたら、できるだけ生徒に任してください。生徒に主導権があり、教師がサポートをしているという感覚を持たせることが大切です。もし生徒が困っていても、代わりにやっては生徒の成長はありません。困っているから代わりにやってあげるのではなく、できるようにサポートをするのです。最後まで生徒の力でやり切ることができたという気持ちが自信につながり、さらに生徒のモチベーションを高めることにつながります。

④経験を積むまで長い目で育てる

生徒がリーダーシップを発揮できない最も大きな要因は、「経験不足」です。リーダーとして活動する経験を十分に積んでいる生徒はなかなかいません。「立場が人を育てる」という言葉があるように、生徒はリーダーという立場を経験することでリーダーシップは育っていきます。

あなたが初めて自転車に乗った時のことを思い出してください。きっと何度も転んだのではないでしょうか。転倒する姿を見て可哀想だからといって、両親が代わりに自転車を運転しても決して上手くなることはありません。何度も練習する中で少しずつ経験を積み重ねて感覚をつかんでいき、自由に乗れるようになっていくのです。他にも、初めて部活動の公式戦に出た時。初めて友達とカラオケにいって人前で歌った時。知らない人の前で初めて発表した時。いつだって、初めては緊張したのではないでしょうか。リーダーシップも、自転車と同じです。

初めから上手くいくわけがありません。少しずつ経験を積ましてあげてください。一見失敗したように見えても、それは貴重な経験として生徒の力へと変わっていきます。だからこそ、すぐに成果が現れることを過剰に期待するのではなく、長い目で生徒の成長を待つ必要があります。もちろん、成長に個人差はありますが、それでも経験は必ず成長につながります。

第3章　課題解決能力

＝課題解決能力が必要な理由

これからは、VUCA（ブーカ）の時代だと言われています。Volatility（変動性）、Uncertainty（不確実性）、Complexity（複雑性）、Ambiguity（曖昧性）という四つのキーワードの頭文字を取った言葉です。変化が激しく、あらゆるものを取り巻く環境が複雑性を増し、想定外の事象が発生する将来予測が困難な状態を指します。

例えば、今ではかなりの普及率となったスマートフォン。しかし、一昔前までは、この世の中に電話など存在しませんでした。元をたどればアメリカのグラハム・ベルが電話を初めて発明しました。エジソンが改良を加え、電話が各家庭に普及しました。電話を持ち運ぶことができるようにショルダーフォン（重さはなんと三kg）が開発され、またどんどん改善が進み、ガラケーと呼ばれる携帯電話が誕生しました。そして、さらに、OSが組み込まれてスマートフォンが生まれました。今では、スマートフォンがあれば、電話、メッセージ、インターネット、カメラ、動画・音楽視聴、ショッピングができます。さらに様々なアプリを入れることで、スマートフォン一つで出来ることが大幅に増えました。ほかにも科学者や技術者の研究の蓄積のおかげで、車や医療機器、農業システムなどさまざまな分野で、技術革新が起こっています。

一方、変化はいいものだけではありません。近年、ＳＤＧｓが注目を集めるようになりました。「Sustainable Development Goals（持続可能な開発目標）」の略称です。二〇一五年九月の国連サミットで採択されたもので、国連加盟一九三か国が二〇一六年から二〇三〇年の一五年間で達成するために掲げた目標です。一七個の目標は、貧困や紛争、気候変動、感染症などの問題からこれ以上目を背けず、人類が安定してこの世界で暮らし続けることができるように設定されました。世界規模で見ても解決しなければならない課題が多く存在するということです。

我々教師にとっても大きな変化が起きています。GIGAスクール構想が打ち出され、一人一台のタブレットを活用した学びが行なわれるようになりました。今では公立の中学校ですら、オンラインで授業を行えるようになっています。

これだけ変化の激しい社会になったからこそ、課題解決を求められる場面が多く存在するのではないでしょうか。今ある課題や、新たな変化を生み出したからこそ生まれてくる新たな課題。社会を取り巻く大きな課題や、自分の身の回りで生まれる小さな課題。この課題を一つずつ解決していくことで人生がより豊かになると考えると、生徒一人ひとりが自分の人生を切り開く課題解決能力を高める事が大切になるのです。

チームとしての課題解決能力の獲得を目指して

課題解決は一人で行う事もありますが、クラスとしての課題を解決するためには、チームとしての課題解決能力を高める必要があります。

チームとして課題解決を行う際のメリットは、いろんな視点から意見がでるので新たな気づきを生みやすくなります。しかし、そのいろんな視点を持っているからこそ、メンバーと合意形成を行う必要がでてきます。もちろん、合意形成は簡単にできるものではなく、意見が食い違ったり、自分の思い通りにならず不満を感じる事があるかもしれません。

しかし、チームとしての課題解決の方法を導き出し、合意形成ができる事でチームは大きな成長を見せます。そこで、今回はチームとしての課題解決能力を高めていくことに焦点をおいて解説していきます。チームとしての課題解決能力が高まっていくなかで、個人の課題解決能力を高め、将来にわたって自ら考え、自ら行動できる生徒を育てていきたいものです。

「話し合い」の種類を知る

チームとして何かを行なう時には、必ず「話し合い」が必要です。この話し合いは、どこの会社でも当たり前のように行われています。それが「会議」です。この「会議」は『Amazonのすごい会議』(佐藤将之、東洋経済新報社)では、以下の種類に分けることができます。

①情報伝達会議
②進捗状況確認会議
③アイデア出し会議
④意思決定会議

①情報伝達会議
ただ一方的に情報を伝えるだけの会議です。いわば、書面にして読めばわかるような内容です。

②進捗状況確認会議
前回の会議で決まった事がどれだけ進んだのかを確認する会議です。

③アイデア出し会議
新しいプロジェクトや課題の解決方法などのアイデアを出すための会議です。

④意思決定会議

チームや組織としての意思を決定する事を目的とした会議です。

Amazonでは、情報伝達会議と進捗状況確認会議はできるだけ時間を減らし、そのかわりアイデア出し会議や意思決定会議に時間をかけることを大切にしているという内容が書かれています。学校内においても同じことが言えると考えています。

いい意思決定会議とは

自治的な学級経営を行うためには、生徒同士で話し合い、クラスとしての意思を決定する④の意思決定会議が欠かせません。

本来、会議において、最も大切な事は「話し合った」という事実でなく、決定した内容を実際に行動に移す事です。しかし、あなたも職員会議で決まったことにも関わらず、その後に実際に行動に繋がらなかった経験はないでしょうか。この原因は次の二つが考えられます。

1. 会議の内容は自分には関係ないと考え、他人事になっている
2. 決まったことに対して、参加者が納得していない

話し合っている内容に対して他人事に考えていると、何を話しても真剣になれず受身なままです。また、この問題は自分に関係のある話題だと感じていても、決まったことへの納得の度合いが低ければ、行動しようというモチベーションが上がりません。しかし、全員が納得できるまで話し合いを続けようとすると、「時間かかりすぎる」や「いつまで経っても決まらない」という問題が出てきます。

私はいい意思決定会議の定義として次の三つの条件を満たす必要があると考えています。

1. 自分事としてとらえ主体的に参加していること
2. 決められた時間の中で決定すること
3. できるだけ納得値の高い決定を行うこと

この「主体的」「時間内」「納得値」の条件が満たされることでよりよい話し合いへと変化していきます。詳しくは一二三ページに記しています。

＝意思決定における二つの要素と四つの種類

意思決定には二つの要素があります。

①決定するのは、チームか、個人か
②決定する内容は、価値観に関するものか、手法に関するものか

チームとしての答えを出さなければいけない場合は、合意形成を行う必要がありますが、個人で答えをだす場合は合意形成をする必要がなく、話し合った結果、それぞれの生徒が自分なりの答えを出せば良いのです。この合意形成が必要かどうかという点でゴールが大きく異なります。

また、決める内容が価値観に関するものなのか、手法に関するものなのかでも大きくことなります。価値観に関するものを決める時には、生徒一人ひとりの気持ちをより深く知り、交流する必要があります。例えば、クラス目標を決める時に誰かが提案してくれた時には、「なんでそう思う？」といった言葉で問い返し、生徒一人ひとりの気持ちを全体で共有するようにします。

一方、手法に関するものを決める時には、ロジカルに考えていく必要があります。例えば、「効率よく掃除をするためには？」という課題を話し合う時には、「今効率が悪い原因は何だろう？」といった言葉で、問題の原因を探り、その原因を解決するための方法を考えることになります。この場合は、方法論なのでそこまで生徒一人ひとりの気持ちの面を引き出していく必要もあり

ません。このように価値観に関するものなのか手法に関するものなのかによって、話し合いの進め方が大きく異なります。

これらの要素の組み合わせによって四つの種類に分けることができます。

①「チームで決定する」×「価値観」の話し合い

これは、クラス目標といったクラスメイトの想いを大切にしなければいけない目的（意義目標）などを決める時です。「なぜそう思うのか」という価値観の部分をクラスとして共有しておくことで今後の一年間の進む方向の道標となります。

②「チームで決定する」×「手法」の話し合い

これは、目標を達成するための具体的な手段（行動目標）を考える時です。「したい・したくない」や「好き・嫌い」といった感情の話ではなく、どうすれば目標を達成できるのかをロジカルに考えて結論をだします。

③「個人で決定する」×「価値観」の話し合い

これは、「特別の教科　道徳」の授業などで、クラスメイトと話し合った結果、自分なりの答えを出せばよい時です。他にも、進路について考える時もそうです。対話を通してクラスメイトから気づきをもらったとしても、最後に決定するのは自分自身です。「自分の人生をどう生きたいか」という問いには、自分以外に答えを出せる人がいません。だからこそ、このような問題は、自分の価値観と向き合って自己決定する必要があるのです。

④「個人で決定する」×「手法」の話し合い

これは、個人の目標を解決するための手段を考える時などです。学級経営をしているとクラスとしての課題も出てきますが、それと同じように個人の課題もでてきます。例えば、「家学習で勉強に集中できない」と困っている生徒がいたとします。クラスで対話をするなかで、「朝はやく起きて行う」という解決方法がでたとします。確かに朝の時間に行なうことは非常に効果的ですが、その方法がその生徒に合っているかといえばそれは別です。自分にあったやり方を自己決定していくことが大切です。

これらの目的に応じて、話し合いの流れは変化していきますので、目的に合った進め方や終わり方をすることが大切です。

納得値の高まる会議づくり

ここでは、①の「チームで決定する」×「価値観」と②の「チームで決定する」×「手法」について主に解説していきます。会議の目的に応じて大切にすることも違いますが、まずは基本的な流れから紹介します。

課題解決会議の流れ

(1)【課題の設定】 課題を発見し会議の議題を提案する
(2)【会議のゴールの確認】 会議のゴールと方法を共有する
(3)【自分の考えを持つ】 課題に対する意見や解決方法に対して自分の考えを持つ
(4)【対話】 相手の話を言いたり自分の意見を伝える中で自分の意見が深まったり、新たな気づきを生む
(5)【意思決定】 クラスとしての意見や改善方法を決定する
(6)【実行】 決定事項を実行する
(7)【改善】 決定事項の効果を検証し、新たな課題が見つかればもう一度課題解決を行なう

会議の目的に応じて少し違いはありますが、基本的にはこの流れに沿って、話し合いを行なっていくことで上手くいくようになります。では、一つずつの項目を解説していきます。

課題の設定

まずは、課題を設定する必要があります。課題を設定する方法は二つです。

①教師が設定する
②生徒が設定する

私はこのどちらのパターンも必要だと思っています。大切なことはバランスです。年度当初などは教師が主導して課題や、考えるべき話題を提供していく方がよいでしょう。しかし、時間がたつにつれて、生徒の心理的安全性が高まっていき、次第に生徒からも、さまざまな課題や挑戦したいことが提案されるように持っていきたいものです。例えば、「クラスメイトがお互いのことを知るためにはどうすればいいか」「体育祭のリレーに勝つためにはどうすればいいか」「クラスが解散になる前に最後の思い出を作る事はできないか」などという課題を生徒が設定するのです。

課題は、「やりたいこと」「気になっていること」とも言い換えられます。

日々の振り返りや、何気ない会話などから「これをクラスに提案してみてはどうだろう」と背中を押してあげることも大事です。

会議のゴールの確認

課題が設定できれば、実際に話し合いを行います。話し合いを始めるにあたってまず初めに必要なことは、「話し合いのゴールを明確にすること」です。何ができればこの話し合いが終わるのかを全員が理解する必要があります。

- 何についてか（議題は何か）
- 話し合う目的（アイデアを出したいのか・決定したいのか）
- どのように（どのような流れか・方法は）
- 誰が決めるのか（チームとして決める・個人が決める）

ということを明確にすることで、話し合いの方向性がぶれにくくなります。

例えばこのような形になります。

「今回の議題は、〇〇です」（議題は何か）

「今後〇〇を解決するための方法をクラスとして決定していきますが、今日は、課題を解決するための方法のアイデア出しを行います。決定することを目的としているわけではないので、少しでも思いついたアイデアはどんどん教えてください」（アイデアを出したいのか・決定したいのか）

「グループで各自意見を出し合った後、クラス全体で共有します。方法は、ホワイトボードを使ってブレインストーミングを行います」（どのような流れか・方法は）

というように本日の話し合いでのゴールと方法を簡単に確認するところから始めましょう。

自分の考えを持つ

話し合いを主体的に行い、深い学びや気づきを生むためには、自分の意見や考えを明確にしたうえで話し合いに参加する必要があります。自分の意見や考えが明確になることで、自分の意見との違いがわかり、新たな気づきがうまれやすくなります。

大切なことは、自分で考える時間を「十分に確保すること」です。問いがあり、考えようとしても十分な時間がなければ自分の答えを出すことができません。しかし、一律に何分の時間をとればいいというものではありません。すぐに結論が出るものもあれば、何日かかっても自分なりの答えがでないこともあるかもしれません。問いに応じて適切な時間を確保しておくことが必要です。

しかし、授業の中ではなかなかじっくり時間を確保することが難しいこともあります。そういう時は、事前に予告しておくことが効果的です。「今週の金曜日の六時間目にクラス目標を考えたいと思います。どんなクラスにしたいかを事前に考えておいてください」という具合です。また、今すでに起きている問題に対しての課題解決を行う時には、考える時間を確保するために分割して行うことも有効です。

例えば、授業で話し合う時間が一時間確保できているとします。この一時間の中で、生徒から課題を挙げてもらい、その解決方法を考えると、十分な議論は難しいでしょう。そこで、事前に終礼などの空いている時間に課題の抽出だけを行なっておきます。そして、事前に「この課題の解決方法を考えておいてください」とアナウンスすることで生徒が考える時間を確保しやすくなります。さらに、授業では問題の解決方法から話し合いを行なうことができるので、十分に議論する時間の確保がしやすくなります。

そして、もう一つ大切なものがあります。それは、話し合う議題に応じて適切なサポートを行うことです。

「チームとしての決定」×「価値観」の話し合いなら、事前に自分の気持ちに向き合うことが大切です。「自分はなぜそう思うのか」「そう思ったきっかけは？」と自分に問いかけるような時間を設けてください。正解が決まっている問いではないので、まずは今感じていること、思うことに素直に向き合えるよう、教師と対話するのもよいでしょう。

「チームとしての決定」×「手法」の話し合いの場合は、新たな目標に対しての手法を考える場合もありますが、すでに起きている課題に対してどうすれば解決できるかを考える場合もあります。このような場合は、闇雲に考えてもロジカルにならない可能性があります。そこで有効なのが「思考ツール」です。例えば、トヨタ自動車が発案した「なぜなぜ分析」があります。こういった思考ツールを使うことで一人でも解決方法を考えやすくなります。「なぜなぜ分析」については詳しくは第2部第2章の二〇三ページでお伝えします。

対話で深める

生徒一人ひとりが自分の意見や考えを持つことができれば対話を行ないます。対話とは、「向かい合って話し合うこと。また、その話」ですが、ここでは、ただ向かい合ってお互いに話をするだけでなく、「いい対話」を行う必要があります。私は、「いい対話」をこのように考えています。

いい対話とは、相手の話を聴き、自分の考えを伝える中で、自分の考えが深まったり、新たな気づきが生まれたりする話し合いのこと

なので、お互いの意見を発表し合うだけの意見発表会ではありません。対話を通して考えが深まったり、新たな気づきを生むポイントを紹介します。

いい対話と悪い対話

いい対話について、より深く考えるためにまずは、「悪い対話」を考えてみましょう。

悪い対話とは

①発言しない
②発言に対して否定や攻撃される
③同じような意見しかでない
④同じ人ばかりが話す
⑤何について話せばいいのかがわからない
⑥話が脱線して何を話していいのかわからなくなる
⑦表面的な浅い話だけを行なう
⑧新たな気づきが生まれない

このような対話では考えが深まったり、新たに気づきを生むことは非常に難しくなります。

悪い対話の反対を考えるとこのようになります。

いい対話とは

①発言が多くでる
②発言に対して否定や攻撃がなく受け入れられる
③多様な意見がでる
④参加者全員が発言する
⑤ゴールが明確である
⑥話し合いが整理されて、今何について話しているかが明確である
⑦話が深まる
⑧新たな気づきが生まれる

人は全く同じ考え方をしている人はいません。同じような意見だったとしても少しずつ違いがあり、そのように考えるようになったこれまでの経験などには必ず違いがあります。だからこそ、人の話を聴くというのは、自分とは別の視点を知ることになります。自分一人では思いもしなかった新たな視点を知ることで、より多様な物の見方ができるようになり、話が深まったり、新たな気づきを得たりすることができるのです。

様々な立場や角度の意見に触れるためには①〜④の要素が大切になります。また、多くの意見がでるだけではなく、その意見が話し合いの目的に合うように整理していくことが大切です。

話をしているうちに「あれ？ 今何の話をしているんだっけ？」とならず、複数人で話す時だからこそ、話し合いの流れを整理するために、⑤と⑥が必要になるのです。

その結果、⑦と⑧のように、話が深まったり、新たな気づきを得たりすることができるようになると考えます。

それでは、対話が盛り上がるポイントを記していきます。

話を聴く

「聞く」と「聴く」

いい対話を行うためには、まずは相手の話を聴くところから始まります。生徒に伝えるときには、「聞く」ではなく、「聴く」という表現を使っています。

> **「聞く」……音・声を耳に受ける。耳に感じ取る。**
> **「聴く」……注意して耳にとめる。耳を傾ける。**

「聞く」は、自然と聞こえてくるイメージです。音楽で言うとBGMのようなもので、意識しているわけではなく、耳に入っているだけです。「聴く」は内容を理解しようとしているイメージです。音楽で言うと、「この曲はどんな歌詞なんだろう？」と意識して聞いている時です。「相手の言っていること／言いたいことはどういうことなのだろう」と考えながら聴くように促します。

聴き方の「あいうえお」

私は、聴き方のポイントを生徒に伝える際に、覚えやすいように聴き方の「あいうえお」として紹介することがあります。

あ　相手の目を見て
い　いい姿勢で
う　うなずきながら
え　笑顔で
お　終わりまで

「相手の目を見て」と「いい姿勢で」は聴く姿勢をとって準備することです。そして、「うなずき」と「笑顔」は話している人に対しての、「話を聴いているよ」「伝わっているよ」というメッセージになります。話す人は安心して話すことができるようになります。

そして、最後は「終わりまで聴く」ということが大切です。話をまとめてわかりやすく伝えることが得意な生徒もいれば、話すことが苦手な生徒もいます。苦手な生徒が話に詰まった時に、周りの人から次々と言葉が飛んできては余計に緊張してしまいます。だから、最後までまずは話を聴こうという姿勢を持つことで安心感が生まれるのです。このような聴き方のポイントを、生徒が覚えることができるように掲示物を作ったりといった工夫をしながら伝えていきます。

聴くの本質は、相手に興味を持つこと

ここまで対話の場を整えるための心掛けを記しました。ただ、「聴く」行為の質を最も左右するのは、「相手に興味を持っているかどうか」です。実は、相手に体を向けたり、笑顔でにこやかに聴いたりといったことは、全て興味を持っていると自然に起こる行動です。形から入ることも有効ですが、聴くことの本質は、相手に興味を持つことであり、興味があるからこそ、自然と相手に体を向けたり、あいづちをうつようになるのです。

聞き手が興味を持って聴くことは、話し手にとっても大きなメリットになります。相手が自分の話に興味を持って聴いてくれていると感じることで、話し手も安心して話すことができます。

相手に興味を持とうとする事は非常に大切ですが、生徒によってはなかなか相手に興味を持てない生徒もいるかもしれません。しかし、違いがあるからこそ気づきや学びが生まれるとい

う事を実感させていく中で、相手のことや相手の価値観を知ることの喜びや楽しさを粘り強く育んでいくことが大切です。

意見を伝える

次に自分の考えや意見を伝える時に大切なことは、「相手に自分の考えが伝わるように話す」ということです。大切なのは、自分が言ったかどうかではなく、伝わったかどうかです。

つまり、自分目線ではなく、相手目線で話すことが必要です。

しかし、まずは自分の考えや想いを口に出すことが求められます。なので、まずは土台として、自分の意見を口に出して相手に伝えることができるように育てていく必要があります。

発言するための三つの土台

生徒が自分の意見を伝える為に三つの土台となる要素があります。

①発言する意欲（自分事として主体的に参加する）
②発言する勇気（心理的安全性が確保されている）
③発言する自分の意見（自分の意見・考えなど伝えたい内容が明確にある）

発言ができるという状態は、発言できる考えや内容があり、発言したいという意欲があり、勇気を出して行動ができるという土台がそろって初めて発言できるようになります。逆にいうとどれか一つでも土台ができていないと生徒が発言する事は難しくなってしまいます。

発言することが得意な生徒もいれば苦手な生徒もいます。そこで、まずは簡単な内容から少しずつ難しくしたり、ペアや四人といった少人数から人数を増やしていくといったスモールステップにして成長を促していくのです。

発言の難易度を知り、スモールステップを作る

スモールステップを設定する為には、発言しやすい課題と発言しにくい課題の違いを理解する必要があります。

その違いは、二つの要素の違いで説明できます。

①自分なりの考えや価値観が入っているか・入っていないか
②チームとしての正解や合意形成があるか・ないか

人に伝えることが苦手な生徒がいる場合は、初めは自分の考えや価値観が含まれずに、チームとしての正解や合意形成もない問いから始めると挑戦しやすくなります。また、すでに紹介しましたが、ペアや四人グループなどの少人数での話し合いから始めることでさらにスモールステップにすることができます。生徒に合った難易度で話す練習ができるように意図的に機会を用意してあげることが大切です。

自分なりの考えや価値観が入っていない × チームとしての正解や合意形成がない段階

質問の例
・赤い食べ物といえば何ですか?
・体にいい食べ物とは何ですか?
難易度　低

知っていれば答えることができる質問のため、答えさえ知っていれば比較的簡単に答えることができます。

自分なりの考えや価値観が入っている × チームとしての正解や合意形成がない段階

質問の例
・好きな食べ物は何ですか？
・あなたはどんな大人になりたいですか？
難易度　中

自分の自己開示が入る質問のため、内容によっては少し答えにくいものが出てくるかもしれません。しかし、合意形成の必要がないため、それぞれの価値観をそのまま表現することが可能です。

自分なりの考えや価値観が入っていない × チームとしての正解や合意形成がある段階

質問の例
この問題の解決方法はありますか？
難易度　中

まずは解決方法などの案を思いつかなければ発言することができません。さらに、合意形成を行なう必要があるので、自分の意見が批判されるかもしれない・採用されないかもしれないといった不安を乗り越える必要があります。

自分なりの考えや価値観が入っている × チームとしての正解や合意形成がある段階

質問の例
このクラスをどんなクラスにしたいですか?
難易度　高

自分の大切にしている価値観を伝えることになるため、自己開示の要素が入ります。また、価値観が入っていない場合と比べて、もし批判された時に、アイデアや方法論を批判されるのではなく、自分の大切にしている価値観を否定されることになるので、不安がさらに大きくなる傾向があります。そのため、発言する不安は高くなります。

対話を行なう

ここまで、いい対話を行なうためにまずは相手の話を聴くことと、話しやすい環境づくりについて触れてきました。ここからは、実際にいい対話を行なうためにどのようなことを意識すればいいのかを解説していきます。

いい対話を行なうためのルール作り

いい対話を行なうためには、同じ人ばかりではなく、多くの人からそれぞれの考えや意見を引き出すことと、話の流れを整理することが必要であるという話をしました。それを実現するためには、対話のルールを設定することが有効です。

【ルール①】思ったことは積極的に言う
【ルール②】話している人に向けて聴く姿勢をとる
【ルール③】相手の人格に対して否定したり攻撃したりしない
【ルール④】相手の意見に対して必要以上に否定したり攻撃したりしない

これらのルールは、全て発言しにくい生徒の背中を押すためのものです。
まずは、①で積極的に頑張ろうねと勇気づけて、②③④のルールで発言者の安心感を高めることが狙いです。自分が意見を言った時に、話をしっかり聴いてくれ、自分の意見を受け入れてくれると感じることができることで、心理的安全性を高めることができます。だからこそ私は次のように生徒に伝えるようにしています。

【ルール①】思ったことは積極的に言う

「人の意見を聴くということは、自分になかった新たな視点を与えてくれるということです。なので、いろんな意見が出た方が対話が深まりやすくなります。だからこそ、積極的に発言してくださいね。」

【ルール②】話している人に向けて聴く姿勢をとる

「自分が話をしている時に、誰も聴いていないと思ったらどのように感じますか？　話すことが不安になったり嫌になったりしませんか？　逆に、話している時に相手がしっかり聴いてくれていると思ったらどのように感じますか？　話を最後までしっかり聴いてくれていたら安心して話しやすくなるのではないでしょうか？　だからこそ、聴く姿勢をとることでより多くの人が積極的に発言できるようになります。」

【ルール③】相手の人格に対して否定したり攻撃したりしない

「話し合いを行う時に、時に意見が食い違う時もあります。でも、違うのは意見だけです。意見が違う時に相手の人格を否定してしまうと相手は腹が立ったり、傷ついたりします。その結果、冷静な話し合いができなくなってしまいます。これではいい対話にならないばかりか嫌な想いをすることになるので、絶対に人格を否定したり攻撃したりしないでください。」

【ルール④】相手の意見に対して必要以上に否定したり攻撃したりしない

「その人の考えや意見というのは、その人の分身のようなものです。それを簡単に否定しないでください。もし、勇気を振り絞って発言したことに対して、強く否定や攻撃をされるとその人は発言したことを後悔するのではないでしょうか。価値観や考え方は違いがあって当然です。違いがあるからこそ、新たな気づきが生まれます。なので、違いがあることはむしろいいことです。話し合いを行う中で、相手と意見が違う場合も、一度受け入れてください。その上で、自分の考えとはここが違うという話をするのはかまいません。しかし、自分の考えと違うからと言って必要以上に攻撃することは、心理的安全性を下げるだけの行為なので絶対にしてはいけません。」

成長段階や目的に応じて変化するルール「トーキングスティック」

トーキングスティックとは、カラオケのマイクのようなイメージです。カラオケでマイクを持っている人が歌うように、発言する人に渡していきます。トーキングスティックは、どのような物でもかまいません。マイクのような物でもいいですし、ぬいぐるみのような物でも構いません。話すのが苦手な生徒の中には、ぬいぐるみを両腕に抱えて話すことで落ち着く生徒もいます。しかし、このルールの目的は、誰が話す番かを明確にし、その他の人は聴く姿勢をとるという意識づけをするために行ないます。話し合いを初めて行なう時や、一人ずつ自分の価値観や想いをしっかり話していく時には効果的でしょう。しかし、ある程度話を聴く力がついてきて、よりテンポ良く話し合いを進めていきたい時にはトーキングスティックを渡している時間はロスタイムをうんでしまいます。また、とにかくアイデアを出したいときなどには、トーキングスティックを回すことで発言へのハードルがあがり、思いつきレベルの発言をしにくくなります。なので、とにかく思いついたことをどんどん言って欲しい時には好きに発言させた方がいい時もあります。一学期にうまくいっていたルールでも、必ずしも二学期・三学期に有効かどうかはわからないものです。一度作ったルールでも、常に生徒を観察し、現状と合っているかを見直し、必要に応じてルールを廃止したり、改善していく事が大切です。

シンプルなルールにする

ここまで対話におけるルールを説明してきましたが、ルールは守られて初めて意味のあるものになります。では、ルールを守るためのファーストステップは何でしょうか。それは、「ルールを覚える」という事です。ルールを覚えることができなければ守ろうと意識することができません。なので、不要なルールで溢れている状態はいい状態ではありません。だからこそ、ルールはできるだけシンプルな方がいいのです。

思考を深め、新たな気づきを生む言葉

クラス目標を決める時など、お互いが表面的な話だけではなく、「なぜそう思うのか」「そう考えるに至った経験はどのようなものがあったのか」などより深い話をする必要があります。

この深い話をするためのポイントは「問い返し」にあります。誰かが意見を言ったことに対してただ聞いて終わるわけではなく、その意見に対する質問を行なっていくのです。

具体的に使う言葉は次のような言葉です。

「対話を深める言葉」


「なんで？」

「どうして？」

「例えば？」

「具体的には？」

「いつから？」

「そう思ったきっかけは？」

「もし○○ならば？」

「○○と▲▲の時の違いは？」

このような言葉を使うことでより相手の考えが深く理解できるようになります。そして、この問い返し次第で、話の流れは大きく変わっていきます。例えば、クラス目標を決める時に、生徒に対して「どんなクラスが理想か？」という質問をしたとします。すると、クラスの生徒はきっと思い思いに様々な答えを出します。実際に私が以前に担任をしていたクラスの生徒はこのように答えました。

- 協力できるクラス
- 安心できるクラス
- 個性を大切にできるクラス
- ルールを守った上で自由があるクラス

一見どれもよくある意見かと思っても、生徒の価値観を深める言葉で問い返しを行なっていくと、生徒一人ひとりの価値観が表れてくるようになります。

例えば、「協力できるクラス」と答えた生徒は、去年の体育祭で行われたクラス対抗の種目でクラスメイトと協力し見事に勝つことができました。この時の体育祭の練習をしていく中で、少しずつクラスとして協力できるようになっていた事に喜びを感じていました。そして、これまで話をしていなかった生徒とも話をすることができるようになり、体育祭をきっかけにクラスで過ごす時間が楽しくなったのです。だからこそ、協力できるクラスを作ることで、昨年のように楽しいクラスにしたいと思っていたのです。

また、「安心できるクラス」と答えた生徒もいました。この生徒は、過去に所属していたクラスで「いじめのようなものが起きていた」と言っていました。その生徒は、加害者でも被害者でもなかったもののクラスの中に安心感がありませんでした。「次はもし自分がいじめられたらどうしよう……」という不安があったのです。だからこそ、クラスの全員にとって、安心・安全な場所を作りたいと思っていました。

「ルールを守った上で自由があるクラス」と答えた生徒も自分の中に大切な思いを持っていました。この生徒にとって自由とは、「休み時間には自分の好きな友達と遊びたい」というものでした。なぜ、そう思ったかというと、以前のクラスでクラスの仲を深めるために、昼休みに全員でレクレーションを行なったそうです。その時に、「強制的に休み時間に遊ばなければいけないのがいやだな……昼休みぐらい自分の気の合う友達と遊びたい」と感じていたそうです。この生徒の発言をきっかけに、「クラスでは仲が良い方がいいし、協力できる方がいい。でも、昼休みもクラスみんなで遊ぶのはどうなのかな……」という議論になりました。協力できるクラスにしたいという生徒が、「行事などではクラスで一生懸命取り組みたい」という思いを伝えて、最後には、「日頃の休み時間は、それぞれで自由に過ごそう。でも、行事などがある時には、全員で協力して取り組むようにしよう！」という結論になりました。お互いの気持ちや価値観を聞いていく中で、クラス全員がお互いの想いを知ることができたことは非常に良かったです。

これらの例は、教師から生徒に問い返した例ですが、教師から生徒だけでなく、生徒から生徒へとこれらの「対話を深める言葉」を使うことで、さらに、お互いの考えを深く知ることで、新たな気づきを生むことができるようになります。

対話で話を「広げる」「深める」「絞る」

対話といっても様々な目的があります。なので、その目的に応じて対話を進める必要があります。対話の目的は大きく分けると「広げる」「深める」「絞る」のどれかになります。「チームで決定する」×「手法」の話し合いを例にすると次のようになります。

広げる

広げるとは、質にはこだわらず、とにかくアイデアを出していくようなイメージです。「他にどんな方法がある？」といった質問を使って、とにかく量を出していくのです。方法としては、ブレインストーミングやブレインライティングが有効です。詳しい方法は第2部で解説します。

深める

「深める」とは、数多く出したアイデアに対して、なぜそう考えたのかという価値観や根拠をきいたり、出てきたアイデアをより良いものへとブラッシュアップしていくようなイメージです。「なぜそう思ったの？」や「よりよくするためにはどうすればいい？」という質問で掘り下げていきます。これにより、より具体的にアイデアの質を高めていきます。

絞る

「絞る」とは、数多く出たアイデアの中から実際に実行するものを絞っていくことです。「この中のどれがいい？」という質問を使っていきます。アイデアを絞ることができなければ話し合いの結論はでないため、いかにチームとしての納得値を高めながら絞っていくかということが大切になります。

対話を行う時には、今の対話の目的が何かを明確にしておくことで話し合いでの混乱を防ぐことができるようになります。もちろん、チームとしての合意形成が必要ない場合は、「広げる」と「深める」だけで終わり、あとは一人ひとりに自分なりの答えを出してもらう時もあります。

大切なことは、「広げる対話」なのか「深める対話」なのか「絞る対話」の違いを理解して使い分けるということです。

意思決定

アイデアを膨らました後に、アイデアを絞っていき、最終的には、個人やチームで意思決定をします。九四ページでも少し触れましたが、いい意思決定の条件は次の三つだと考えています。

①当事者意識を持って主体的に参加していること
②限られた時間の中で決定すること
③できるだけ多くの参加者が納得していること

①当事者意識を持って主体的に参加していること

まずは、参加者が当事者意識を持っていることが大切です。当事者意識とは、問題やテーマに対して、「自分が解決する」「自分が行動する」という意識のことです。誰かが解決してくれると思っていたり、誰かがやってくれるだろうと思っている「他人事」の状態では無関心になってしまいます。だからこそ、「他人事」ではなく、「自分事」として捉えることが大切です。他人事としてクラスの問題を捉えているようでは、批判することはなくても、決定事項に対しての協力は期待できません。まずは、当事者意識を持って主体的に話し合いに参加することこそがスタートラインと言えるでしょう。

②限られた時間の中で決定すること

何かを決める時には、時間の制約がある場合がほとんどです。例えば、学級目標を決める時に、話し合いが進まないからといって先延ばしにしていくわけにはいきません。先延ばしにしたまま一年間が終わってしまっては、クラス目標を話し合った意味がありません。また、体育祭にむけての作戦を決めることも体育祭の前に決めなければ意味がありません。何かを決める時には、締め切りが存在します。それが、今学期中なのか、今月なのか、今週なのか、この授業中なのかは場合によって異なりますが、いつまでも先延ばしにすることはできません。決めるべきタイミングで決めていくためには、限られた時間のなかで合意形成を行なっていくことは非常に大切になるのです。

③できるだけ多くの参加者が納得していること

チームとして合意形成を行なう時の理想は、「全員が納得していること」です。これができれば、チーム一丸となって、決定事項を行動に移すことができるはずです。しかし、実際にはかなり難しい部分もあります。初めからクラスの生徒が全員同じ意見なら問題はありませんが、実際には一人ひとりの生徒は自分なりの価値観や考え方を持っています。なので、もし意見が食い違っている場合は、限られた時間の中で全員が一〇〇％納得できる合意形成をすることは非常に難しいです。だからといって、参加者が納得していない状態で決まったとしても形だけの話し合いになってしまい効果はありません。

そこで、限られた時間の中で出来るだけ納得値を高めるということが必要なのです。「少し自分とは考え方がちがうな」と思っていてもチームとして出た答えを行動に移すことができるように納得値を高めることができれば上出来です。

決定の方法

合意形成の仕方は大きく分けると次の三つになります。

①「全員一致」
②「多数決」
③「代表者が決める」

それぞれの方法によって参加者の納得の度合いと話し合いにかかる時間が違います。

「全員一致」の特徴としては、全員の納得値が高いということです。全員の意見が一致することができれば、この後の行動に繋がりやすいので決め方としては最もいい決め方です。しかし、大きな問題点もあります。それは、意見が対立しており、お互いが譲らない場合は、いつまでたっても合意形成ができないことがあります。なので、決めなければいけない締め切りが来ているのに結局何も決まらない……という可能性もあるのです。このように時間がかかってしまうことが大きなデメリットになります。

二つ目の方法は、「多数決」です。多数決は、どの意見に賛成かを聞き、多い意見に決定するだけなので、時間をかけずに行うことができます。非常にシンプルかつ時間をかけずに決めることができるのは多数決の大きなメリットです。しかし、「多数決」にもデメリットがあります。問題は、少数派の人の納得値が極端に低くなる可能性があることです。一回ならまだしも、何度も少数派になってしまうようでは、自分の意見は全く反映されないことになります。また、クラスのパワーバランスが公平ではない場合も納得値が大きく下がります。例えば、クラスの中に、「ボス」といわれる存在がいて、その「ボス」の言うことを聞いていないと「あとで何をされるかわからない」といった不安があるような状態では、忖度せざるをえない形になってしまいます。こうなれば納得値が極端に低くなってしまうので、多数決を行なう場合には、クラスの中に公平性が担保されていることが前提となります。

三つ目の方法は、「代表者が決める」です。代表者が決める方法は、多数決と同様に速やかに決めることができます。なので、限られた時間の中で決定するには非常に有効です。しかし、この方法にもデメリットがあります。それは、「代表者の人望やカリスマ性によって大きく左右される」ということです。クラスから信頼のある代表者が決定をした場合は、「○○さんが言うなら、ついていこう！」と感じてくれる生徒が多くいますが、日頃から信頼を得ていない代表者が決定した場合は、ついつい不満を口に出してしまう生徒が出てきてしまいます。また、代表者と違う意見を持った人にとっても納得できない可能性があります。なので、代表者が決める場合は、代表者を信頼していない時や、代表者と意見が違う時には納得値が下がる傾向があります。

決定方法を組み合わせる
「全員一致」→「多数決」or「代表者が決める」

ここまで、それぞれの決定方法の特徴を説明してきました。ここまででわかるように完璧な決定方法はありません。そこで、それぞれの良さを組み合わせていくことが最善の決定方法になります。つまり、まずは「全員一致」を目指し、決定しなければいけない時間が来たら、「多数決」や「代表者が決める」を選択することになります。最後に多数決なのか、代表者が決めるのがいいのかは事案によって変更することも可能です。クラス目標などのより多くの生徒の意見を取り入れたい場合は多数決をとることが向いていますし、議題によっては、提案しているリーダーが責任を持って決定する方が全員にとって納得できる結果になる場合もあります。
大切なことは、クラスの状況や議題に適した決定の方法を事前に決めてから議論をスタートすることです。

意思決定を行なう時のポイント

実際にチームとしての意思決定を行なう時のポイントがあります。それは次の二つです。

①事前に決定方法を決めておく
②決定後に陰口を言わず、決定前に意見を言う

①事前に決定方法を決めておく

大切なことは、事前に決定方法を決めておくことです。話し合いを行なっている中で、お互い譲れない意見があり、議論が平行線になった時に、後から「多数決で決めよう」というと「多数決をすると僅差で負けてしまうかも……」と思う生徒からしたら、「それはずるい！」と感

じて納得値が下がってしまうことがあります。また、決まらないから「リーダーが決める」となった場合も同様です。ここまでたくさん議論をしてきたにも関わらず、後からリーダーが決めると言われたら採用されなかった方の意見を持った人は、「それなら、初めからリーダーが決めてくれよ。今まで話し合った意味がない」と感じてしまう原因になります。だからこそ、事前に話し合いが平行線になりそうな場合は決定の仕方を決めておくことが大切です。話し合いがヒートアップする前に、決め方を明確にしておくことでお互いフェアに話し合いに臨むことができ、自分の意見が通らなかった場合でも納得値を下げずにすみます。話し合いでの多くのトラブルは、「俺はそんなことは聞いていない」ということです。だからこそ、事前に話し合いのルールや決定の仕方を提案し、決定しておくことで、不要なトラブルを避けることができます。

②決定後に陰口を言わず、決定前に意見を言う

以前、海外の日本人学校で働いていた先生に、「日本と海外の違いを感じたことはありますか？」と聞いたことがあります。その答えは、「海外の人は自分の意見をはっきりと言ってくること」でした。もちろん海外と言っても、国によっても違いますし、同じ国でも当然そこに住んでいる一人ひとりに個性があり、価値観は違います。しかし、それでも、海外の人の方が「自分の意見を素直に伝えることができる人が多い」と感じたそうです。

「日本人は、会議では発言せずに、居酒屋で愚痴を言う。アメリカ人は、会議でどれだけ揉めようが自分の意見を言うが、決まったことには従う」という話を聞いたことがあります。決して、日本人よりアメリカ人が優れているという主張をしたいわけでもありませんし、人には一人ひとりの個性があるので一概にこうだということではありませんが、話し合いを行ない意思決定をする上では、後者の考え方の方が適しています。だからこそ、生徒にもよりよい話し合いを行なうためには、決まったことに対して後から文句を言うのではなく、決まる前に自分の意見に対して周りが納得してもらえるように行動をすることの大切さを伝えています。そして、決まったことに対しては、どれだけ揉めていたとしても、しっかり従うことの大切さも伝えています。このような価値観を持たせていくことで、話し合いがより良いものとなり、クラスとしての課題解決能力が高まることにつながるのです。

実行・改善

クラスとして、話し合う議題を共有し、自分の意見を持った上で対話を通して議論を深めた上で、最終的な決定事項が決まれば後は実際に行動に移すことです。人やチームが本当の意味で成長するためには、インプットではなくアウトプットが重要です。考えている時ではなく、それを実際に行動に移した時です。いくら、クラスの課題や課題の解決方法を考えたところで、行動を起こさなければ全ては机上の空論です。行動に移すことのみで成果があがります。いくら「勉強しよう」と思っていても実際に勉強をしなければ学力が向上することはありません。ここまでの話し合いは全て「行動を起こすため」に行なわれています。だからこそ、クラスで決定したことは必ず実行に移してください。

ところが、実際に行動に移してみたら思ったようにうまくいかないこともあります。これは当然です。初めから全てがうまくいくわけがありません。エジソンも「失敗ではない。うまくいかない一万通りの方法を発見したのだ」という名言を残し、ついに電球を開発しました。失敗は成功の母です。前向きに取り組んだ結果の失敗には、必ず学びがあります。「どこまではうまくいったのか？」「なぜうまくいかなかったのか？」という問いを持つことで、さらに改善していくことができます。課題解決とは、ペンキ塗りのようなものです。ペンキ塗りは、一回で分厚く塗るのでなく、薄く何度も重ねて塗っていきます。課題解決も一回目でいきなり一〇〇点の答えがでなくても少しずつ改善を重ねていけば確実に成果は出るものです。うまくいかなかったとしても、もう一度、課題設定からやり直せばいいだけです。粘り強く取り組んでいくことが最大の近道です。

第2部　自治力を高める取り組み

年間を通して系統的に自治力向上を！

第1部では自治的な集団を作るために大切な理論を解説してきましたが、第2部では具体的にどのようなことに取り組めば良いのかを紹介していきます。

第1部でもお伝えしたように心理的安全性などの高まりかたによって、できることが大きく左右されます。なので、一年間の見通しを持って取り組むことが大切です。そこで、どの時期にどのような取り組みをするかという目安を書きますので、ご参考ください。

まず、大まかな年間計画としては次のようになります。

一学期……チーム力①（意識統一と心理的安全性）の向上
二学期……チーム力②（リーダーシップとフォロワーシップ）
　　　　　課題解決能力の向上
三学期……主体性の向上

これは最も力を入れるべきものを示しただけで、イメージでいうと次のグラフのようになります。

　このように、全ての学期に全ての要素を育てていきます。様々な要素が絡み合ってチームは成り立ちますので、決して心理的安全性が高まるまで次のステップに行ってはいけないというものでもありませんし、逆を言うと一学期に心理的安全性が高まれば二学期以降に手をつけなくてもいいというわけではありません。

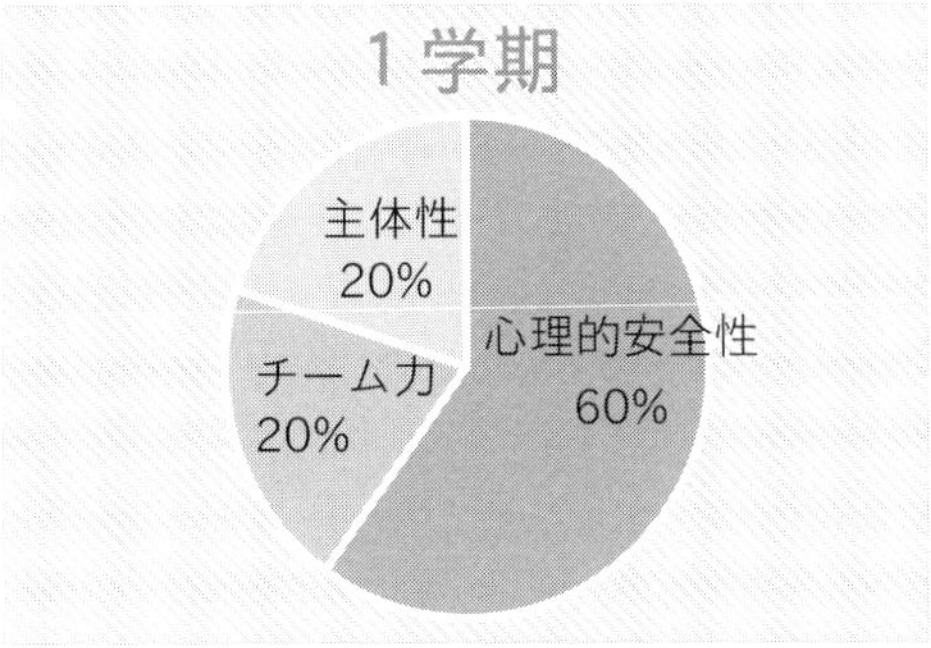

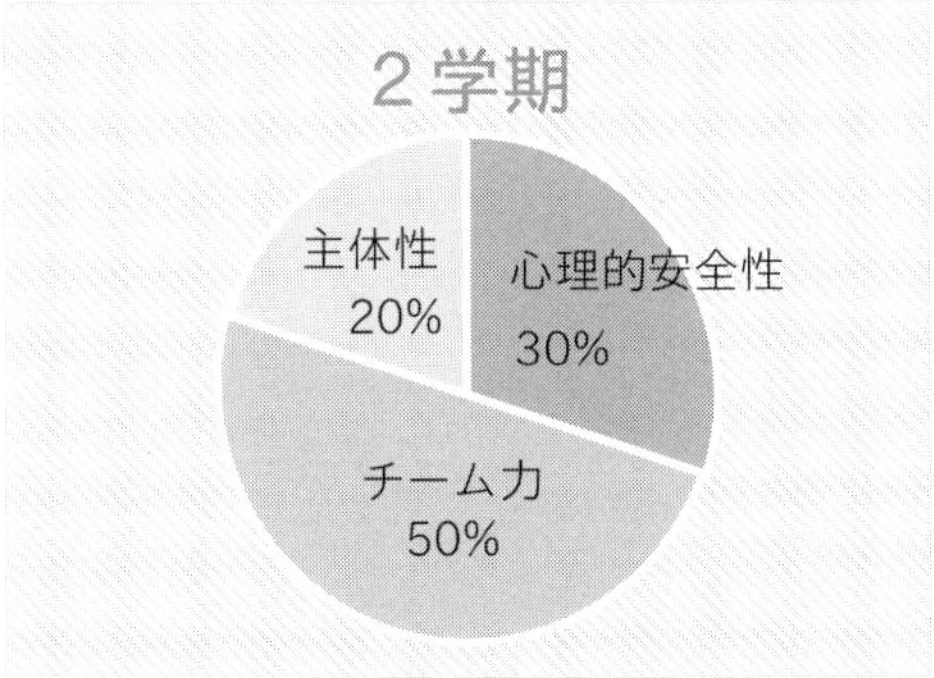

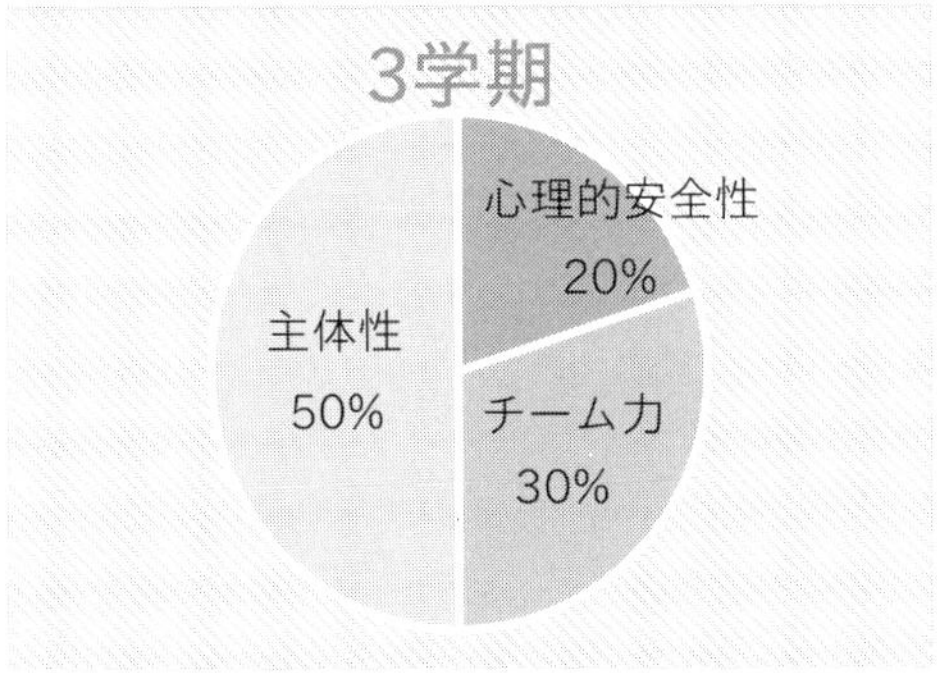

全ての要素を一年間かけて、心理的安全性・チーム力・主体性を螺旋状に何度も高めていくイメージになります。

一学期　周りの出方を伺う生徒たちに安心感を！

まず初めに大切になるのは心理的安全性を高めることです。四月に新しいクラスでの生活が始まったばかりの頃は、お互いが様子を見ていたり、人見知りしたりしている状態です。目立つことをすれば誰かに攻撃されるかもしれないというように周りの様子を伺う生徒が多く不安定な時期です。

まずはこのクラスは安心できる場所であり、このクラスの仲間は自分の話をちゃんと聞いてくれると思えることが大切です。クラスの心理的安全性が高まり、クラスの前で発言することや何かに挑戦することへの恐れがない状態になったら、今度はチームとしての組織力を高めていくことに力を入れます。

二学期　リーダーシップとフォロワーシップを高めて課題解決へ！

ある程度お互いのことを理解し、発言等も増えてきたら、次は意見がまとまるようにリーダーシップとフォロワーシップを高め、具体的な活動が前向きに進むようにします。六五ページにも書きましたが、大切なことはリーダーシップを育てるために、先にフォロワーシップを育てるということです。そこで、先にフォロワーを育てることで、これまでリーダーシップを発揮してこなかった生徒にとってもリーダーシップを発揮しやすい環境を整えることができます。

リーダーとフォロワーが育ち、自治的な活動ができるようになると同時に、生徒の課題解決能力を高めていきます。体育祭や文化祭といった学校行事で生まれる課題や、日々の学校生活での課題に対してどうやったら課題を解決できるかをトレーニングしていきます。そして、これまでの力がついてきたら最後に主体性を高めていくことに力を入れます。

三学期 「○○をしたい！」と行動できる生徒たちに！

体育祭や文化祭では、学校行事として、なぜ取り組むのかという目的が設定されているものもありますが、最終的には、生徒一人ひとりが主体的に、クラスの課題を明確にし、その課題を解決する為にどんな取り組みを行えばいいかを考え、実践していくようになる事を目指していきます。

このように、一年間の中で、それぞれの時期に合わせて必要な要素に特に力を入れて育てていくことが効果的です。

以下、おおよその学期ごとに章立てをし、学期ごとのレクレーションや仕組みづくりについての取り組みやポイントを一つずつ紹介していきます。

第1章　チームの土台を作る一学期

＝取り組み1　学級開きで価値観を共有

●チームとしての共通認識を高める

四月にクラス発表が行なわれ、新たなクラスが始まった状態は、「チーム」としての機能はありません。よりよいチームへと成長していく為に、まずはチーム内で価値観の共有をしていくことが必要です。そこで、まずは教師の信念や大切にしたい価値感などを伝えていきましょう。

そのツールの一つが学級通信です。私は学級通信に自分の想いを書き、生徒に熱く語るようにしています。ここでは、私が発行している学級通信のごく一部の内容を示します。そのまま真似をしてもらっても構いませんし、もちろん、先生方の考え方や価値観を織り交ぜて、オリジナリティーを出してもらっても構いません。ポイントは次の通りです。

ポイント①　担任としての信念を伝える

ポイント② 自治的な集団を目指す大切さを伝える
ポイント③「学校は成長する場所」という価値観を共有する
ポイント④「成長には挑戦が欠かせない」という価値観を共有する
ポイント⑤「挑戦には安全が欠かせない」という価値観を共有する

ポイント①担任としての信念を伝える

学級経営は短期的なものではなく、一年間を使って行なう長期的なものです。だからこそ、計画的に進めていくことが必要で、この計画の軸となるのは担任の想いです。もちろん生徒が自発的に目標などを立てていきますが、それらの活動全体に一貫性をもって関わるための想いです。

この想いを生徒と共有することで、まずは対教師について心理的に安全な存在であることを伝えておくことが大事です。

自分が大切にしていることは自分なりの言葉で伝える事が大事です。借りてきた言葉では自分の言動が伴わず、矛盾した言動をしてしまう恐れがあります。きれいな言葉でなくても、どこかで聞いた理想論より、自分のこれまでの経験から感じたことや学んだことの方が、具体的なエピソードも話せるので、熱量もこもって生徒には伝わりやすくなるものです。

もちろん、「これだけは大切にしたい」という想いは、経験や歳を重ねていく中で変化して

学級通信のフォーマット

「教師の信念を示した文章」

①上記信念の意味を紹介する。

②そう思った具体的なエピソードなどを紹介する。

③生徒と向き合う姿勢を紹介し、「生徒に願うこと」を記す

「心」を育てる

私が「教師になる」と心に決めたのは、高校3年生の秋でした。高校生のころの私は、毎日必死でバスケットに打ち込んでいました。夢中でした。毎日の練習はハードでしたが、上達していくことが嬉しくて完全にのめり込んでいました。その高校の3年間で最も学んだことは「心」です。恩師の「バスケットを通して心を育てろ」という教えのもと、3年間バスケットに取り組むことで、「努力する力」「継続する力」「仲間を思いやること」「仲間と協力すること」など、数え切れないほど多くのことを学びました。そして、実感しました。

「磨かれた心は、一生の武器になる」

だからこそ、私も、教師になって、「生徒の心を育てたい。」と思うようになりました。18歳の秋に決めたこの決意は、今も変わらぬ私の信念となっています。そんな、想いのこもった言葉だからこそ、学級通信のタイトルにもしています。これからの1年間で、皆さんの心の成長を楽しみにしています。

心が変われば、人生が変わる

いくでしょう。今の自分が、「これだけは大切にしたい」と心から思える信念を言語化し、共有しましょう。この信念が、一年間の学級経営の中で必ず道標になり、一貫した指導につながります。

私の場合は、「心を育てる」を信念にしています。

ポイント② 自治的な集団を目指す大切さを伝える

「自治的集団」を目指して

あなたたちは、あと1年で卒業します。小学校を卒業し、新たな中学校生活が始まったように、卒業とは、新たな始まりであり、おめでたいことです。

しかし、卒業するということは、○○中学校と、○○中学校の仲間と、そして、○○中学校の教師との別れが訪れます。

私たち教師が、あなた達と毎日のように一緒に過ごすことができるのは、あなた達が学校にいるあと1年間だけです。しかし、あなた達の人生はまだまだ続きます。今、「人生100年時代」といわれるようになってきました。もし仮に、100歳まで生きるとすると、中学校を15歳で卒業した後に、100歳まで残り85年もあります。私たちにとって、今この瞬間を大切に生きることはとても大切なことですが、人生という長い目で見たら、中学校生活とはほんの少しの時間なのです。

人生の中で、私たち教師があなたとかかわることができる時間が短く、卒業すればそばにいることができないからこそ、あなたには、「自立」して欲しいのです。そして、クラスを「自治」する力を身につけて欲しいのです。

「問題を教師が解決するクラス」

ではなく、

「苦戦しながらも自分たちが問題を解決できるクラス」

になって欲しいのです。

中学校を卒業した後も、新たに出会う仲間と共に手を取り、未来を切り開くことができるようになってください。

あなた達一人ひとりの成長を楽しみにしています。

詳しくは、一三ページに書きましたが、自治的なチームを目指すことが重要です。私の場合は、このように生徒に伝えます。上の文は、私が三年生の担任をした時の学級通信の一部です。

ポイント③「学校は成長する場所」という価値観を共有する

何のために学校に来るのか

学校は教育を受ける場所です。教育とは、辞書によると、「知識、技術などを教え授けること。人を導いて善良な人間とすること。人間に内在する素質、能力を発展させ、これを助長する作用。人間を望ましい姿に変化させ、価値を実現させる活動。」とあります。

つまり、

学校は学ぶ場であり、成長する場である

ということを覚えておいてください。

これまで、「授業」「休み時間」「学校行事」「委員会活動」「クラブ活動」と、様々な場面で、たくさんのことを学んできたはずです。そして、これからも多くのことを学び、残りの一年間で成長できるだけ成長してください。朝起きて、1日を過ごした自分と、1日を終え、寝るときの自分が少しでも変化できることを目指して。

その積み重ねが、とんでもない成長につながります。

学校には何の為に来るのか？　この問いには、様々な答えが出てきそうですが、私はいつも生徒には、「学校は成長する場である」と伝えています。学校は成長する場であるという共通認識を持っておく事は非常に大切な事です。私は、生徒には「できないことができるようになる喜び」を感じて欲しいと思っています。

余談にはなりますが、自分を成長させるために学校に来るという認識があれば、授業中に寝ている生徒が、「誰にも迷惑をかけていないから僕は寝ていていいんです。」と発言した時に、「寝ていては自分を成長させることができないからだめだ」と毅然と対応することができます。

私は、生徒に「行ってきます」の自分と「ただいま」の自分が少しでも成長できている事を目指そうと話しています。

ポイント④「成長には挑戦が欠かせない」という価値観を共有する

成長のためには「挑戦」が欠かせない

これまで、「**心を育てる**」や「**学校は学ぶ場所であり、成長する場所である**」という話をしました。では、成長するために必要なことは何でしょうか。

それは、「**挑戦すること**」です。

成長するということは、今の自分にできないことに取り組むということです。つまり、できるか、できないかわからないことに挑戦する必要があるのです。

挑戦の先に……

何かに挑戦するということは、必ず結果がでます。成功したら、とても嬉しいものです。自分の成長を感じとることができます。しかし、失敗した時にどうするかが大切です。ここで心の強さがためされます。

必ず成功するための唯一の方法は、「成功するまで挑戦し続けること」です。

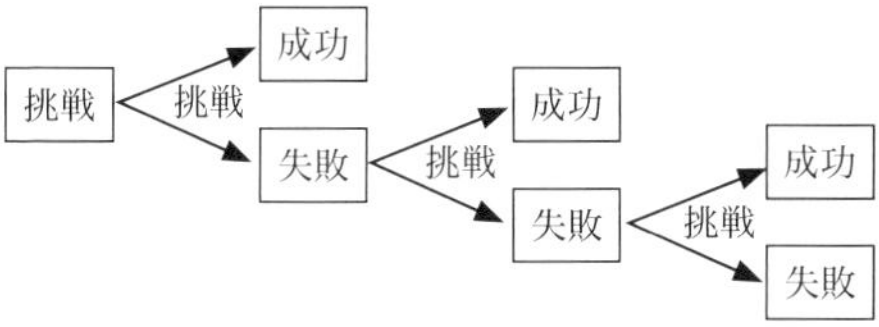

失敗は恥ずかしく悔しいものかもしれません。でも、悪いものではないのです。あのエジソンも「**私は失敗したことがない。ただ、1万通りの、うまく行かない方法を見つけただけだ。**」と言っています。だから、失敗は悪いものではない！

挑戦することは誇り高きこと
挑戦し続ける人であれ

成長する為には挑戦することは欠かせません。成長とは、できないことができるようになることです。だからこそ、できないことに挑戦する必要があるのです。居心地のいい場所（コンフォートゾーン）にいるだけでは成長はありません。自分ができることばかりを繰り返すのではなく、成長する為の唯一の方法が挑戦であることを伝え、勇気を持って挑戦することを促しましょう。

ポイント⑤　「挑戦には安全が欠かせない」という価値観を共有する

挑戦するために欠かせないものは、「安全であること」です。挑戦して失敗した時に、クラスメイトが馬鹿にしたり攻撃したりするのではなく、失敗を受け入れ、励ましてくれることで、また挑戦する勇気が湧いてきます。生徒一人ひとりの心理的安全性を高めることで、挑戦することができるようになるのです。

「挑戦」のためには「安全」が欠かせない

以前、「**学校は学ぶ場所であり、成長する場所である**」や「**成長には挑戦が欠かせない**」という話をしました。

では、どうすれば挑戦を続けることができるのでしょうか。

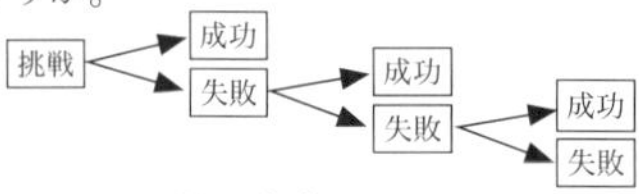

それは、その場が安全であることが大切です。

想像してください。もし自分が、勇気を振り絞って授業で手をあげて発表して間違えてしまったときに、まわりから、「だっさー」「かっこわるー」「しったかぶりやん」などといった暴言と共に、笑い声が聞こえてきたとしたら……

次の機会に、もう一度挑戦できると思いますか。きっとできない人がほとんどではないでしょうか。**心無い一言で、仲間の成長を妨げることになる**のです。だから、**自分が失敗しても受け入れられる「安全」や「安心感」が必要**なのです。

ルールを守ることが「安全」をつくりだす

ルールがなぜできたかというと、「**中学校に来る全員が気持ちよく学校生活を送るため**」や「**危険を回避するため**」です。例えば……「時間を守る」というルールがあります。もし、時間を守れずに遅れてくる人がいると、時間を守って着席している人たちにとっては迷惑になります。先生から大切な話を聞いている時に、遅れてきた人が後から入ってきたとします。すると、話を聞いている人の意識は遅れてきた人に向き、話が中断されます。一生懸命頑張っている人の気が散ります。あなたも、映画館で好きな映画を見ている時に、いいところで他の人が自分の前を通過したり、邪魔をされたら嫌な思いをするのではないでしょうか。

ルールを守っていくことが、「**安全・安心で居心地のいい学級**」**を作ることに繋がる**のです。また、**ルールだけでなく、マナーやモラルも大切**にして欲しいものです。

自分で正しい善悪の判断をできることを「自律」といいます。
このクラスの全員にとって安全な空間を作るためにはどうすればいいのでしょうか？

取り組み2　自己開示で人間関係をつくる

実際に生徒らがチームとして機能するためには、クラスの仲間と人間関係を作り、心理的安全性を高めることが必要です。

人間関係をつくるためには、「自己開示」が効果的です。自己開示とは、趣味や夢などといった、自分のプライベートなことを相手に話すことです。いきなり深い自己開示をすることに生徒は抵抗感を示すため、まずは簡単なところから徐々に深い自己開示へと移行していくことがオススメです。ここでは、自己開示のハードルが下がるレクリエーション三つ紹介します。

①サイコロトーク
②自分クイズ（先生クイズ）
③一分間スピーチ

①サイコロトーク

フジテレビ系列の『ライオンのごきげんよう』というテレビ番組はご存知でしょうか。小堺一機さんが司会を務めるバラエティー番組で、二〇一六年に放送終了しています。この番組は、ゲストがそれぞれのお題が書かれたサイコロを振り、出た目に書かれているお題についてのトークを行なうというものです。人と話をする時に困る状況の中の一つに、「何について話していいかわからない」というものがあります。この「何を話していいかわからない」という問題に対して、サイコロを振るというゲーム形式にすることにより話しやすくなります。

サイコロトークの流れ

①サイコロを用意する
②サイコロの出た目に合わせて話すテーマを設定しておく
③グループを作る（私は四人班で行っていました）【クラス全体でも可能】
④グループの中で、一人ずつサイコロを振る
⑤サイコロを振った人が出た目にそったテーマの話をする
⑥話が終わったら、質問タイムを作り雑談を促す
⑦次の人がサイコロを振り、テーマにそった話をしていく
⑧このような流れを繰り返していく

サイコロトークは、話をするのが苦手な人でも話しやすいようにするためにウォーミングアップとして行なっているので、テーマはあまり話しにくいものではない方が良いと思ってい

ます。

サイコロトークのテーマの例

①行ってみたい場所
②好きな芸能人やアーティスト
③趣味や得意なこと
④もしも生まれ変わるなら
⑤今年一年で頑張りたいこと
⑥好きな〇〇

また、⑥は空けておいてクラスで決めるなどでもよいでしょう。担任の先生の第一印象などにしても面白いかもしれません。

サイコロトークの注意点

話を聞いている人たちがいかに温かい雰囲気で話を聞くことができるかが深い自己開示をしていくためには重要です。ここで正しい聴き方を指導しておくことで、今後の自己開示が行ないやすくなります。「聴き方の『あいうえお』」（一〇七ページ）などを参考にしてください。

②自分クイズ（先生クイズ）

これは、自分に関するクイズを作りゲーム形式で行なうことによって自己開示を推進するものです。まずは、どのようなクイズを作ればいいのかの見本として、先生クイズを行なうことをお勧めします。このクイズもただのクイズではなく、教師のメッセージを明るく伝える機会にすることができます。

先生クイズの流れ

①クラス全体で行う
②教師に関する四択クイズを出す
③班対抗で答えさせる
④正解の発表をして、クイズに関するエピソードを話す
⑤次のクイズに移る

先生クイズの問題例

【自己開示のテーマ　イライラしてしまうこと】

問題1　次のうち、先生が最もイライラすることは何でしょうか？

①待ち合わせの時間に遅れてくる
②大切な話をしている時に話を聞いていない
③満員電車
④蒸し暑い日

【正解と解説】

正解は②番です！

先生は授業に臨む前に皆さんが少しでも成長して欲しいと思って、たくさんの時間を使って考えています。想いが伝わるように一生懸命伝えようとしています。そんな想いを込めて話している言葉を聞いてもらえないと悲しくなります。だから、先生も一生懸命話をしますが、皆さんも一生懸命聞いて欲しいなと思っています。

【自己開示のテーマ　夢や目標】

問題2　次のうち、先生の将来の夢はどれでしょう。

①全国大会優勝
②マイホームを建てる
③本を出版する
④憧れの芸能人に会う

【正解と解説】

正解は③です！

実は昔から本を出版することが夢でした！　教師を始めた頃は、どうすれば生徒がより成長できるのかをひたすらに考えていました。しかし、経験を重ねて少しずつどうすればいいかがわかってきた時に、生徒だけでなく、先生たちとも一緒に成長していきたいと強く感じることになりました。そこで、これまで培った知識や経験を一冊の本にして出版したいなと感じるようになったのです。そして、今回縁があって本を出版することになりました。

先生は、自分の夢に向かって挑戦している時間は本当にワクワクします。だからこそ、これからも自分のやりたいこと・夢に向かって努力していきます。そこで、みんなにも自分の夢に向かって努力して欲しいなと思っています。何かやりたい事を見つけたら、夢中になって努力してくださいね！

【自己開示のテーマ　はずかしかった体験や罪悪感を覚えた体験】
問題3　次のうち、先生が中学生の時に行った最も悪かったことはどれでしょう。

①いじめ
②授業中に紙飛行機をとばした
③先生にばれないように授業中にご飯を食べた
④夜の校舎に窓ガラスを壊して回った

【正解と解説】

正解は①番です！

私は一つ後悔していることがあります。それは、「いじめ」に加担してしまったことです。

当時、仲の良かった友達が、「いじめ」にあいました。数人の生徒が私の友人に向かって悪口を言っていました。その時いじめていたグループは私にこう言ってきました。

「おまえもそう思うよな？」

その言葉に私はつい、

「う、うん」

と答えました。

しばらくしてから聞いたのですが、いじめにあっていた生徒からすると、「いじめられているグループに言われる事はまだ耐えることができた。でも、その生徒は仲がいいと思っていた私に言われた事が大きく傷ついた」との事です。

その言葉を聞いた時に、自分の本心ではなく、ただ流されて同意してしまっただけの言葉でも大きく人を傷つけてしまうのかと実感しました。だからこそ、みなさんには「いじめ」が起こるようなクラスには絶対になって欲しくありません。そして、言葉を大切にできる人になって欲しいと思っています。自分の発した軽はずみな言葉でも相手を傷つけてしまった経験があるからこそ、みなさんにも言葉を選ぶことの大切さを伝えたいと思っています。

今回はいくつかクイズの例を紹介しましたが、他にも六〇ページに書かれているオススメの自己開示のテーマとその効果を参考に、テーマを選んでオリジナルのクイズを出題してください。その時にクイズの正解とともに生徒に伝えたいメッセージを伝えると効果的です。

また、同じ学年の先生に一人ひとつのクイズを作ってもらい共有することも効果的です。各クラスで実施すると、担任の先生以外の情報を生徒に伝えることもできます。その共有しているクイズは、ライトなもので構いません。

授業が始まったら、先に学年の先生のちょっとした先生クイズを行なって場を温めてから担任の先生の深い自己開示の入ったクイズに入っていく事がおすすめです。

先生クイズが終わったら同じような流れで生徒にも「自分クイズ」と題してオリジナルのクイズを作ってクラスの前や四人班などで自己開示をかねた自己紹介に挑戦してもらいましょう。クイズを考える過程で自分を振り返ることになるので、自己理解にもつながります。

自分クイズ（先生クイズ）の注意点

まずは、「教師が率先して自己開示を行なうこと」が大切です。教師が自己開示の見本を見せることで、返報性の法則が働き、生徒も自己開示を行ないやすくなります。また、教師が自己開示を行なった際に、生徒から受け入れられている雰囲気ができると生徒も安心して自己開示がしやすくなります。だからこそ、教師の自己開示に対しての冷やかしやからかいを許さないでください。そして、もちろん生徒の自己開示に対してもからかったりする事がないように促しておく事が必要になります。

③一分間スピーチ

ある程度お互いのことを知り合いはじめたら、意見を述べる練習もかねてスピーチの時間を設けることも自己開示の有力な方法です。一分間スピーチの目的は次の通りです。

①自己開示をして、人間関係を作りやすくすること

②発表する力を伸ばすこと
③真剣に聴く力を伸ばすこと

この一分間スピーチが、クラスメイトの前で行なう初めての「スピーチ」となるかもしれません。
一番の目的は、自己開示を通して人間関係を作りやすくすることですが、ここでは話す練習だけでなく、聴く練習も行なうことができます。特に四〇人のクラスの場合、発表は一人一回しかありませんが、聴く練習は三九回も行なうことができます。ここで、クラスメイトの話をしっかり聴くことでクラスメイトの心理的安全性を高めることを意識させましょう。聴き方に関しては一〇七ページを参考にしてください。

一分間スピーチの流れ

①終礼など時間を使って、一日につき、一～三人程度ずつ行なう（特別活動の時間に行なってもよいですが、私の場合は終礼の時間を少しずつ使っていました。）
②「私の宝物」をテーマに一分間のスピーチを一人ずつ行なう（他のテーマでもよい）
③スピーチを行なう時には、実物を用意する（タブレットで写真を撮影したものでも可）

④スピーチは、三〇〇文字程度を目安とする
⑤発表者は心を込めて伝え、話を聴く人は心で受け止めること

テーマは六〇ページの自己開示のおすすめ項目を参考に選んでもらえたらと思いますが、テーマを設定する際は、この取り組みを通して何を実現したいか、しっかりと考えておくことが必要です。

私はよく「私の宝物」というテーマでスピーチをしてもらいます。宝物とはその人が最も大切にしているものなので、その人の大切にしている価値観が現れます。その人の価値観や個性が現れるテーマ、その人がどんな人かを理解するためのテーマです。発表を聴いていると、生徒の個性が出て生徒のことを知れますし、非常に楽しいスピーチになります。

取り組み3
クラス目標を決めてチームの進むべき方向性を決める

四月に始まったばかりのクラスは、まだチームと言えません。チームとして機能するためには、「進むべき共通の方向」を決める目標が必要です。そこで、目的にあたるクラス目標を設定していきます。

①目的・目標・手段の違いを説明する

第1部第1章で説明しましたが、目標を設定する時には、目的（意義目標）・目標（成果目標）・手段（行動目標）の違いを明確に理解することが大切です。そこで、私はこのように学級通信で伝えます。クラス目標を決める前に共通認識を持てるように説明しましょう。

目標のない集団は「チーム」でなく「グループ」である

チームになるためには共通の目標が必要です。「よーい、スタート」と勢いよく飛び出しても、一人ひとりが好き勝手動いていては、バラバラなままです。同じ目的を持つことで、メンバーが同じ方向を向き、はじめてチームになれるのです。

「目的」・「目標」・「手段」の違い

辞書によると

目的：「成し遂げようと目指す事柄」【意識目標】
つまり、最終的に目指すべき到達点であり、これにより進むべき方向が決まる。

抽象的になりやすい

目標：「目的を達成するために設けためあて」【成果目標】
つまり、目的を達成する道の途中に作った途中地点

手段：「目的を達するためにその途上で使う方法」【行動目標】
つまり、目的を達成するために行うことです。

具体的にする

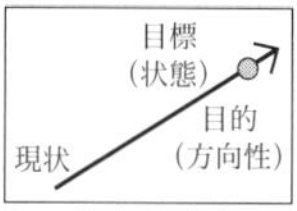

目的・目標・手段の例

○ 2010年サッカー日本代表（岡田武史監督）

目的【意義目標】：日本のサッカーで史上成し遂げたことのない成果を残す
目標【成果目標】：ワールドカップベスト4入り
手段【行動目標】：6つの指針
①楽しんでやる
②自分でやる
③勝つためにベストを尽くせ
④今、目の前のことに集中せよ
⑤常にチャレンジせよ
⑥まずは挨拶せよ

②クラス目標は二段階で決める

クラス目標を設定する時によく起きる失敗が、初めから「格好いい言葉」を考え出すことです。これでは、「どんなクラスにしたいか」と言う想いよりも「どんな目標がかっこいいか」という観点で話し合いが進んでしまします。そこで、目標を設定する時には、次の二つのステップで決めることが大切です。私は学級通信を使って、生徒たちにこのように説明していきます。

> **目標の決定の流れ**
>
> クラス目標は私たちが卒業する前に目指す最終地点です。だからこそ、真剣に、魂をこめて作って欲しいのです。今回のクラス目標の決定は、これからの○年○組にとってほんとうに大切なことなので、2つのステップで決めてもらいます。
>
> **ステップ1．クラスで大切にしたい本質となるキーワードの決定**
>
> **ステップ2. キーワードを覚えやすく、カッコいいものにする**
>
> なぜ、この2つのステップかというと、目標設定でよくある失敗を避ける為です。
>
> いきなりクラスの目標の決定を目指して考えた時によく起こるのが、
>
> Never give up　　One for all, All for one
>
> といった「カッコいいものはないか」という基準で考えてしまうことがあります。何が問題かというと、形や見た目にこだわっているだけで本質が伴っていないところです。こういう状態で多数決を行うと、「どっちがかっこいいか」という基準で決定されます。大切なことは、見た目のカッコよさではなく、どんなことを大切にしたいかという本質的な部分です。私たちが卒業する時にどんなクラスになっていたいのか……本質的な部分を先に決めましょう。
>
> みんなで、「こんなクラスにしたい」「こんな力をつけたい」「こんな思いをしたい」という思いを共有し、その思いが定まったらあとはとびっきりかっこよくしましょう。
>
> **大切なことは、どんなクラスにしたいかという熱い思いです。**
> **形から入らずに、本質を大事にしてください。**
>
> **本質にこだわってこそ、目標に魂が宿ります。**

③クラス目標を設定するためのポイント

クラス目標を設定する時に大切にしたいポイントがあります。このポイントを守っていないと、設定しただけのお飾り目標になる可能性が高くなります。

目標を決めるにあたっての注意点

お飾り目標にならないようにするために

クラスの中で大切にしたい本質的なものが決まりました。次は、この本質を踏まえた上でかっこいい目標を作っていきましょう。

目標は設定することが大切なのではありません。その目標を達成する過程や結果にこそ意味があります。私は、目標を決めたものの、何の効果も発揮していない目標を「お飾り目標」と呼んでいます。そんなお飾り目標にならないためには、全員が目標を心に刻み込む必要があります。今回は、全員の心に残る目標を設定する上で大切なことをお伝えします。

1. 全員が覚えることができるもの

最も大切なことは、全員が覚えることができる目標にすることです。例えば、あいうえお作文のような目標を設定する人がいます。このような目標は、非常に長くなり覚えることが難しくなってしまいます。目標を覚えることができていない状態では、目標に向かって努力する事は絶対にできません。なので、このクラスの全員が目標を覚えることができるように、覚えやすいものにしてください。

2. わかりやすいもの

次に大切なことは、目標はわかりやすいものにすることです。目標を覚えるだけではなく、そこの目標に込められた意味まで覚える必要があります。例えば「ONE TEAM」といった目標があります。これは以前担任していた○年○組の学級目標でした。「ONE TEAM」と聞くと、誰もが、チーム一丸となって頑張るという意味だというのが想像できます。誰が見ても、意味がすぐにわかるものにすることで、意味まで覚えやすくなります。

3. 自分が気に入るもの

最後に大切にして欲しいのは、自慢したくなるほど自分たちで気に入るものにしてください。なぜなら、「かっこ悪いな……」と思う目標なら、口に出しにくいからです。だからこそ、他の人にも自慢したくなるようなお気に入りの目標を考えてください。

クラス目標の完成まであと一歩。
私たちの目指す、目的地を決めよう。

取り組み4　共同作業の中で笑いが起きることで人間関係を深める

共同作業の中で笑いが起きると人間関係ができやすくなります。そこで、ここではおすすめのレクリエーションを五つ紹介します。

①脳トレ

用意するもの　クイズ

四月が始まってまもない時は、簡単な脳トレがおすすめです。

クイズは、知っているかどうかという知識で解く問題よりも、ひらめきで解く問題の方が誰もが参加できる為おすすめです。

脳トレの問題が多く掲載されている本もたくさん発売されていますので、一冊手元に置いておくと非常に参考になると思います。

ほかにも、「脳トレ　問題」や、「ＩＱ問題」などのキーワードで検索すると、多くの問題をつくって共有している方もいらっしゃいます。

このような問題を四人程度の班で取り組みます。脳トレは、一つずつに時間がかかるものではないので、朝のホームルームの時間や終礼などの短い時間で取り入れる事ができます。なので、気軽に行なうことができ、生徒同士のコミュニケーションを深めるきっかけを作ることができます。

②大きくなるしりとり

用意するもの　特になし（メモできるものがあると捗る）

基本的にはしりとりのルールと同じです。中学生にもなると多くの言葉を知っているため終わりません。そこで、ルールに「前の人の言葉よりも大きなものにすること」を追加します。

【例】

ゴマ　↓　マント　↓　東京　↓　宇宙

しりとりに限らず、あらゆるゲームはこのように制限をつけることで難易度が高まります。この大きくなるしりとりは対戦に重きを置くか、協力に重きを置くかでパターンを変えることができます。

【パターン①対戦重視】

順番に答えていき、答えることができなくなったら負け。

アレンジとして、解答時間は一人三〇秒などの時間制限を設けることも可能。

【パターン②協力重視】

個人で対戦するのではなく、班で協力して行う。制限時間を設定し、制限時間内に目標の個数をしりとりができたらクリア（五分間で一〇個など）。班対抗でどの班が一番多く数を出せたかを競うことも可能。

しりとりに少し制限を加えるだけでより頭を使うようになります。制限は、「大きくなる」以外にも、「小さくなる」や「赤色のもの」などの色に関する制限を加えてもできます。大きくなるしりとりは、準備に時間もかからず、短時間でできる為に朝のホームルームや終礼などの時間にもできるのでおすすめです。

③嘘を見抜け

用意するもの　特になし（選択肢を書く紙があるとよい）

このゲームは、答えの中に隠された嘘を見抜くというゲームです。四人程度の少人数で行ないます。やり方は次の通りです。

①一人一問の問題を用意する（自分の好きなテーマで問題を作る。問題の答えとして、三つの選択肢を三つ用意し、その中に一つ嘘の情報を入れておく）
②順番に問題を出題していく
③出題者は、問題を読み上げる
④出題者以外の解答者は、制限時間以内にどの選択肢が嘘かを見破る為に、選択肢に関する質問を行なう
⑤出題者は、解答者からの質問に対して嘘の選択肢に関するものに対しては嘘をつきながらバレないようにする
⑥制限時間が来たら解答者は三つの選択肢の中から嘘であると思われる選択肢を解答する
⑦正解を発表し、正解した人は一ポイントとする

問題は、「好きな食べ物」のようなシンプルなものでもできますが、私のおすすめは、「今まで行った中で楽しかった場所」「今までの心に残っている思い出」「実際に行ったことのあるお気に入りのレストラン」といった嘘をつく難易度が高いものです。例えば、「今まで行った中で楽しかった場所」という問題にすると、実際に行って楽しかった二つの場所の中に、一度も行ったことがない場所が入ります。なので、例えば、「その場所でどんな思い出がありますか？具体的なエピソードを教えてください」と質問された場合は、実際に行ったことがある場合は、

その経験を答えればいいのですが、嘘の選択肢については行ったことも見たこともない場所の思い出を適当に語らなければいけません。だからこそ、嘘をついてごまかす難易度が高くなります。そして、いろんな質問をしていく中で、「怪しいな」と思うものを探っていくことでより面白くなります。

このゲームは、じっくり時間をかけて質問をした方が面白いので、ある程度時間を取れる時に行なうことをおすすめします。また、自己開示にもつながりますので、お互いの理解度も高まり、交流が増えるきっかけになります。

④はぁって言うゲーム

用意するもの　市販されているカード

これは非常に盛り上がる面白いカードゲームです。テレビゲーム「ぷよぷよ」の開発者・米光一成氏が考案し、幻冬舎エデュケーションから発売されています。

同じ言葉でも、言い方によって意味が変わってきます。このゲームは簡単にいうと、言い方の違いから、どんな意味で使われているかを当てるゲームです。「はぁ」というお題カードがあります。このカードには、次のようにA〜Hなどのシュチュエーションが書かれています。

A　なんで？　の「はぁ」
B　力をためる「はぁ」
C　ほうぜんの「はぁ」
D　感心の「はぁ」
E　怒りの「はぁ」
F　とぼけの「はぁ」
G　おどろきの「はぁ」
H　失恋の「はぁ」

問題の出題者は、この中のどれか一つの「はぁ」を言い、他の解答者はどの「はぁ」なのかを当てていきます。今回は、はぁって言うゲームをクラスで同時にできるようにやり方をアレンジしたものを紹介します。やり方は次の通りです。

①四人程度のグループで行なう
②お題のカードを一枚引く
③教師がお題の中から一つのアルファベットを選び、問題の出題者に黒板にアルファベットを書くなどして伝える。出題者以外は机に伏せておくなどわからないようにする。出題者に伝え終

わったら黒板のアルファベットは消す
④出題者の準備ができたら、教師の「せーの」の合図で全てのグループの出題者がお題にあった言葉を言う
⑤出題者以外の解答者はどのアルファベットのどれに当てはまるかを考えて答える
⑥ある程度時間をとったら正解発表をする

少し恥ずかしがる生徒がいるかもしれませんが、思い切ってやってみると非常に盛り上がるゲームの一つです。

⑤ｉｔｏ

用意するもの　市販されているカード

カードゲームの「ｉｔｏ」は非常に面白いゲームです。Arclight が開発・販売しています。ここでは学級でも簡単にできるようにルールを変更したものを紹介します。やり方は次の通りです。

①四人班などのグループを作る
②全員に机に伏せてもらい、班の中で順番に一人ずつ顔を上げる。教師は、顔を上げた生徒に一～一〇〇までの数字をランダムに伝える
③生徒はこのランダムに伝えられた数字を口に出したり、ジェスチャーで人に伝えてはいけない
④お題の発表をする
⑤班のメンバーは、自分の数字の大きさを表すためにお題に沿った言葉を発表する
⑥四人班メンバーは発表された言葉を聞き、制限時間以内に数字が小さい順番を予想をする
⑦制限時間が来たらそれぞれの生徒に割り当てた数字を発表し、数字が小さい順番になっているかの答え合わせを行なう

このゲームのポイントは、どのようなお題にするかということです。私が実際にクラスで行なった時には、「人気の食べ物」や「強そうな効果音」などといったお題で行ないました。非常に盛り上がるので非常におすすめです。このゲームも何度か繰り返し行なった方が面白いので、ある程度のまとまった時間がある時に行なうとよいでしょう。

ゲームを通して、ルールを定着させる練習をする

ここまでいくつかのミニゲームを紹介してきましたが、ただゲームを行なうだけでなく、こ

のタイミングで同時にクラスのルールを指導していくチャンスでもあります。短時間で「脳トレ」や「大きくなるしりとり」を行なう場合は難しいですが、授業の時間を使える場合は、クラスの心理的安全性を高めるために大切なことも同時に指導していきます。

「はぁって言うゲーム」の場合

このゲームは、出題者が問題を出す時には、解答者に聞こえるように静かにする必要があります。しかし、だからと言って静かにゲームを進めて行っても盛り上がりにかけます。なので、このゲームはメリハリを持つ練習にうってつけです。私がこのゲームを授業で行なった時には、生徒にこのように伝えていました。

「このゲームの一番の目的は、クラスの仲間との人間関係を作るために行ないますが、どれだけ盛り上がっていてもメリハリを持ってすぐに聴く姿勢をとることができるようになる練習でもあります」

少し意識を変えるだけで、遊びから多くのことを学ぶことができるようになります。

クラスメイトが仲良くなるということは、いいことでもありますが、メリハリがなくなってしまう恐れもあります。そこで、みんなで盛り上がるという「アクセル」を踏むのならば同時に、どれだけ盛り上がっていても、教師やクラスメイトが話す時にはすぐに聴く姿勢をとってメリハリをつけるという「ブレーキ」を育てていくことが大切です。遊びを通して、クラスの規律やルールを守ることの良さも実感させたいものです。

また、このゲームは、発表者がちょっとした演技をするため恥ずかしがる生徒がいるかもしれません。そこで、事前に周りは馬鹿にする事がないように注意しておき、暖かい聴き方を促しておく事で、クラスの中の心理的安全性を高めることを意識してもいいと思います。

大切な事は、ただ遊ぶのではなく、遊びの中から何を学ぶかという事です。

「ｉｔｏ」の場合

「ｉｔｏ」はコミュニケーションをとる必要があるゲームです。ここでのコミュニケーションは「はぁって言うゲーム」のように発表形式のものではなく、フリートークのようなコミュニケーションです。だからこそ、このゲームでは「はぁって言うゲーム」のように、しっかりと聴くというよりは、フリートークの中で相手が話しやすくなるように聴くという練習を行なうことができます。

あまり多くのことを同時に意識することは難しいので次の三つ程度に絞って意識させると効果的です。

①相手の答えを否定しない

数字を言葉で表すというのは、その人が自分のオリジナルの答えを出さなければいけないものです。たとえゲームが上手くいかなかったとしても、一人ひとりのオリジナルの考えに対して攻撃したり、批判したりしないようにさせてください。批判されることで次からさらに発言がしにくい環境になってしまいます。

②笑顔で話す

自分が話しかけた時に怒った顔をしているると話しかけにくくなるものです。だからこそ、同じグループの人が話しやすいように笑顔で暖かい雰囲気を作って話してみてください。

③相手の話にいいリアクションで返す

自分が誰かに話しかけた時に、いいリアクションが返ってきた時、また話したいと思います。話を聞いて頷いてくれたり、「おー」と盛り上げてくれたり、自分の話したことに対して、ポジティブな反応が返ってきたら嬉しいものです。反対に、反応がなく無視されたり、自分の話したことに対して、「なにそれ」と批判的な反応が返ってきたら話しにくくなるものです。だからこそ、いいリアクションを心がけてください。

このように、話を引き出すにはどうすればいいかを意識させて取り組ませることで話を聴く練習にもなります。また、さらに時間があるのであれば、この「ｉｔｏ」をする前に、生徒に対して「誰もが話しやすい雰囲気を作るには周りの人はどのようにすればいいのでしょうか？」

という問いを投げかけて、その生徒から出てきた大切なものを意識させることもできます。大切なことは、先ほども書きましたが、ただ遊ぶだけではなく、遊びから何を学ぶかということです。

取り組み5　話すきっかけをつくるテトリストーク

このレクリエーションは、私自身が生徒同士で話すきっかけを作る為の仕掛けはないかと考えて考案したものです。この取り組みは、ゲームの「テトリス」を参考に作りました。バラバラクラスになってしまうのは、特定の集団でしか交流がないことが原因です。この取り組みを通して、これまで交流のなかった生徒同士の交流のきっかけを作ることで、人間関係が広がっていくことを目指して取り組みます。

テトリストークの方法
①クラスの生徒の名前が入った表を配る
②終礼の時間に振り返りの時間をとる
③一日を振り返って話した人の欄を一マス塗りつぶす
④マスを塗りつぶしていき、横に一列そろったら一ポイント

目的は、生徒同士の話すきっかけを作ることなので、できるだけ交流が生まれるようにしていきます。

この活動により、これまで話しかけるきっかけが少なかったとしても、「テトリストークを行なっているから話しかける」という建前を作ることができます。これにより、話しかけることへの抵抗を減らすことができます。

また、テトリストークは、チェックをつけていくことで、生徒一人ひとりが日頃誰と話しているかを教師側が可視化することができます。だからこそ、生徒にとっても教師にとっても日頃誰と話していて、誰と話していないといった気づきを生むことができることもあります。

さらに、テトリストークの良いところは、話しかけることが苦手な生徒にとってもメリットがあるところです。それは、自分から話しかけることができなくて

テトリストーク

目的　修学旅行の目標に向けて、話せる人を増やす
時間　6月18日(金)〜6月28日(月)　※24・25(テストの日)は除く5日間
方法　1. 1日の最後に、振り返って1日で話した人にチェックする。
2. 話した人の欄をマーカーなどで塗りつぶす。
3. 次の日も続きをマーカーなどで塗りつぶす。
4. テトリスのように、横1列がそろえば1ポイント！

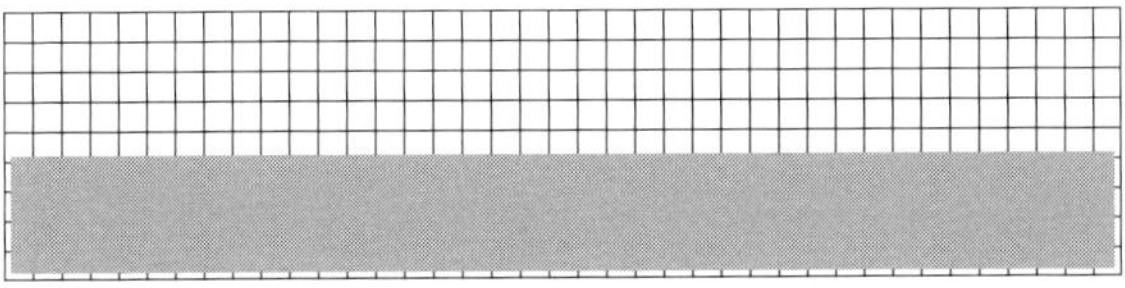

このクラスになって約2カ月が経ちました！
仲がいい人はもちろんのこと、まだ喋ったことがない人や
少ない人と積極的に話せるように頑張りましょう！！　　**代表委員より**

テトリストークの目的

テトリストークの目的は

「協力するための基盤をつくること」です

テトリストークは、話しかけても、話しかけられてもチェックをつけることが出来ます。得意な人は、苦手な人にもやさしく話しかけてみてください。この1週間で、クラスメイトと1回ずつでも会話してみませんか。

私個人としては、別に**友達の数は多くなくてもいい**と思います。
でも、**誰とでも協力できる関係は作って欲しい**のです。
これから、**クラスで協力しなければいけない時がやってきます。**
協力するということは、**改題を解決するために話し合う活動が必要**です。話し合う時に、相手に話しかけることができない関係では、協力できるわけがありません。だからこそ、**今、クラスが協力できるための基盤**をつくりましょう。

さぁ、楽しんでテトリストークを始めましょう！

も、相手から話しかけられることが増えるということです。大抵の場合、クラスの中に話しかけることが得意な生徒もいるものです。得意な生徒は一日・二日もあればあっという間に横一列を揃えることができます。そうやって、自分から話しかける生徒が増えることで、必然的に話しかけることが苦手な生徒との会話量も増えるのです。

このテトリストークは、少しの工夫をすることでさらに効果を高めることができます。それは、終礼などのフリーに話しに行っていい時間を作ることです。私が実践している時は、終礼の時間に今日一日に話した生徒の名前の欄に蛍光ペンで塗りつぶしていました。すると、その日にまだ話していない生徒がわかります。塗りつぶしていないということは、その生徒に話しかけることに抵抗がある可能性が高いのです。そこで、私は「立ち歩いていいから、今日まだチェックできていない人に、〇〇って質問しておいで！」という声かけを行ないます。この「〇〇」に入ることは、なんでも構いません。「好きな食べ物は何？」でも、「今日はこの後何する予定？」でも、「きのこの山とたけのこの里はどっちが好き？」など、本当に何でもいいのです。話しかけることができない時に、「何の話をすればいいかがわからない」という問題があります。そこで、この話題で話してと指定することで、この問題を解決することができます。初めはできるだけハードルを下げて会話をする経験を積ませたいものです。

取り組み6　親しき仲にも礼儀あり　遊びとは何か

四月は緊張感もあり、お互いが様子を見ている状態ですが、自己開示やレクリエーションを行なっていくと五月や六月になるとお互いがクラスにも慣れていきます。すると、だんだん自分の素を出せるようになっていきます。この時に少し注意が必要です。お互いの距離が近くなるからこそ、トラブルも増えてきます。このトラブルの原因は相手の立場に立って考えることができていないことです。もちろん、一人ひとりの個性を発揮することは素晴らしいことです。しかし、個性だからといって、わがままに振る舞ったり、周りの人を不快にさせたり、他人を

慣れの先に

　このクラスが始まってもう6月になりました。経験上、6月はトラブルが多くなってくる時期だと思います。理由は、慣れてきて、心の距離を詰めすぎてしまうからです。昔から「親しき仲にも礼儀あり」という言葉がありますが……どうすればいいのでしょうか。今回は「遊び」の話です。

遊び・ケンカ・いじめ・迷惑行為

　遊びとは「スポーツ・趣味などをしていて楽しい時間を過ごす。」です。

　本当の遊びとは、遊んでいる全ての人が笑顔でいることです。さらにいうと、遊んでいる周りの人も笑顔でいられることです。こういう人間関係を作ってください。

　しかし、時には意見のすれ違いなどから、お互いが怒っていることもあるでしょう。これを、「ケンカ」といいます。もし、ケンカしても、お互いが素直に謝ることができればお互いがまた、笑顔になり仲直りすることもできます。

　問題は、自分は楽しいと思っているけど、一緒に遊んでいる人が嫌な顔をしている場合です。これを、「嫌がらせ」、もしくは「いじめ」といいます。、また、自分たちのグループは笑顔でも、周りの人たちが嫌な顔をしていることもあります。 これを「迷惑行為」といいます。

　よく、片方は遊びのつもりでも相手が嫌な思いをしている場合や遊んでいる人は楽しくても周りの人が嫌な思いをしていることがあります。大切なのは、**「自分がどう思うか」**ではなく、**「相手がどう思うか」**です。**「自分がどう思うか」だけで行動していてはただの自分勝手です。**

自分は嫌がらせをしているつもりがなくても、
相手が嫌な思いをしたら嫌がらせ。
自分はいじめてるつもりはなくても、
相手がいじめられていると思ったらいじめ。

　自分の思いと相手の思いを尊重してこそ、お互いにとって安全な場所になるはずです。また、学校とは公共の場です。それは駅と同じです。駅でやって迷惑になることは学校でもやらないようにして欲しいものです。ONE TEAM で安全な空間を作りましょう。


遊びとは、全ての人が笑顔になるもの。

嫌な顔をする人がでる遊びは、嫌がらせ・いじめ・迷惑行為。

傷つける行動を許すわけにはいけません。そこで、ある程度クラスメイト同士の仲が深まってきた時に、トラブルの予防も兼ねて、「いい遊びとは何か」という話をします。

クラスは、自分にとって安全であり、楽しい場所であって欲しいものですが、同時に、他のクラスメイトにとっても安全で楽しい場所である必要があります。だからこそ、「いい遊びとは、自分・相手・周りが笑顔になれるもの」という価値観を定着させていきたいものです。

取り組み7
今のチームの状況を知る「チーム力測定アンケート」

学級経営を行なっていると、「クラスの状態が良くなってきたな」と思うことがあります。しかし、それは教師の感覚なので、生徒の感覚とずれが生じる場合があります。また、「良くなった」といっても「何がどう良くなっているのか」という問題もあります。そこで、客観的にチームの状況を把握する為にも、「チーム力測定アンケート」を実施することをおすすめします。

チーム力測定アンケートとは、いいチームになる為に必要な八つの項目に関する質問に答えてもらうものです。グーグルフォームを使って行なうと、あっという間に集計をすることができるため、非常に便利です。

生徒には、それぞれの項目に対して1〜5の五段階で回答してもらいます。答えてもらう項目は次の通りです。

チーム意識

1. 個人主義が強く横の連携がない
5. チーム意識が高く、全員が協力している

安全な場

1. リーダーや影響力を持つ人の顔色をうかがう
5. 役職や経験に関係なく本音が言える

信頼関係

1. 自己防衛的、排他的な発言が多い
5. いいことも悪いことも開示され、どんなことでも受け入れられる関係性がある

自信と本気

1．設定された目標を高いと感じ、諦めや、やらされた感が強い

5．設定された目標を妥当と感じ、達成欲は極めて高い

チームの目標達成への貢献意識

1．改善の提案やアイデアはほとんど出てこない

5．メンバー全員から様々な改善案やアイデアが出てくる

当事者意識

1．全てにおいて誰かがなんとかするだろうという傾向が強い

5．自分自身でできることを探し、当事者意識を持って進めている

リーダーシップ

1．全ての意思決定をリーダーに依存している

5．各メンバーが自律的かつ協力して意思決定をしている

ミッション・ビジョン

1. ミッションやビジョンは形だけで、何の効力も持っていない
5. チーム全員がミッションやビジョンに責任を持って行動をしている

これらの項目に関するアンケートをとり、数値化し、レーダーチャートなど見やすい形にすることで、クラスのどの部分が良くて、どの部分が悪いのかがわかるようになります。これにより、どの部分を伸ばしていくかを考えて対策することができるようになります。

このアンケートは、学級開き、学期の終わり、学校行事の後などに定期的にとることをおすすめします。定期的にとることにより、学期が進むにつれてクラスのチーム力がどのように変化しているかがわかったり、クラスの取り組みを行う前と後ではどのような変化が起きたかがわかる為、教師側の指導の振り返りにもなります。また、クラスの生徒に数値とレーダーチャートを見せることで、成長してきた証にもなりますし、生徒自身がクラスをより良くするためにはどうすればいいかを考えるきっかけにもなります。

第2章　チーム力と課題解決能力を高める二学期

一学期にチームの土台であるチームの共通認識や、人間関係を作ったら、二学期にはチーム力を向上させていく取り組みと実際に課題を解決する練習を中心に行なっていきます。また、二学期には体育祭や文化祭などといった大きな学校行事がある学校も多くあると思います。そこで、この学校行事を利用して一気にチーム力と課題解決能力を高めていきましょう。

取り組み8
心理的安全性を高める「ハートビーイング」

ハートビーイングとは、紙に書いたハートの中にプラスの言葉を、ハートの外にマイマスの言葉を書いていく活動です。目的は、生活の中でのマイナスな言葉の数を減らし、プラスの言葉の数を増やすことです。

私たちは日常的に言葉を使って生活をしています。日頃からどんな言葉を使うかが、考え方や心の状況に影響するという考えです。「言葉が心をつくる」と言われることがあるぐらい、言葉とは大切なものです。私自身、生徒にこのように語りかけることがあります。

「言葉には力がある」

私は、そう思っています。

「がんばれ！」

たったその一言が、時に大きな力となることがあります。

あなたも、保護者から、友達から、先輩から、先生から言われたたった一言が、心の支えになったことはないでしょうか。

心を込めた言葉には、大きな力が宿ります。

想像を超えるぐらいの大きな力です。

しかし、時に「言葉」は人の心を傷つけます。

「うっとうしい」

その、心ない一言で深く深く傷つくこともあるのです。

そして、その傷はなかなか消えることがない大きな傷になることもあります。

だからこそ、言葉は正しく使ってください。

人を傷つける使い方ではなく、人に力を与えることができる使い方をしてください。クラス中にプラスの言葉がとびかうとクラスはきっと安心できる場所になります。


ふとした時に出る言葉は、口癖になっているものがほとんどです。だからこそ、仲間に力を与える言葉を使うことができるように習慣づけしていく必要があります。そこで、プラスの言葉を使う習慣を作ることにうってつけなのがこのハートビーイングです。

ハートビーイングの方法

①まずは、次の三つを用意する。
・ハートが書かれたB４程度の紙（四人班の数だけ）
・ハートが書かれた大きな模造紙
・ペン
②四人程度の少人数の班で行う。
③ハートが書かれたB４の紙とペンを各班に一枚配布する。
④ハートの中に、言われたらポジティブになれるプラスの言葉を太いペンで書き出す。
⑤次に、ハートの外に、言われたらネガティブになるようなマイナスな言葉を細いペンやシャーペンで書き出す。
⑥振り返りとして、ポジティブになれるプラスの言葉が溢れている教室と、ネガティブになるマイナスな言葉が溢れている教室ではどう違うかを考えさえ、気がついたことや感じたことの振り返りをさせる。

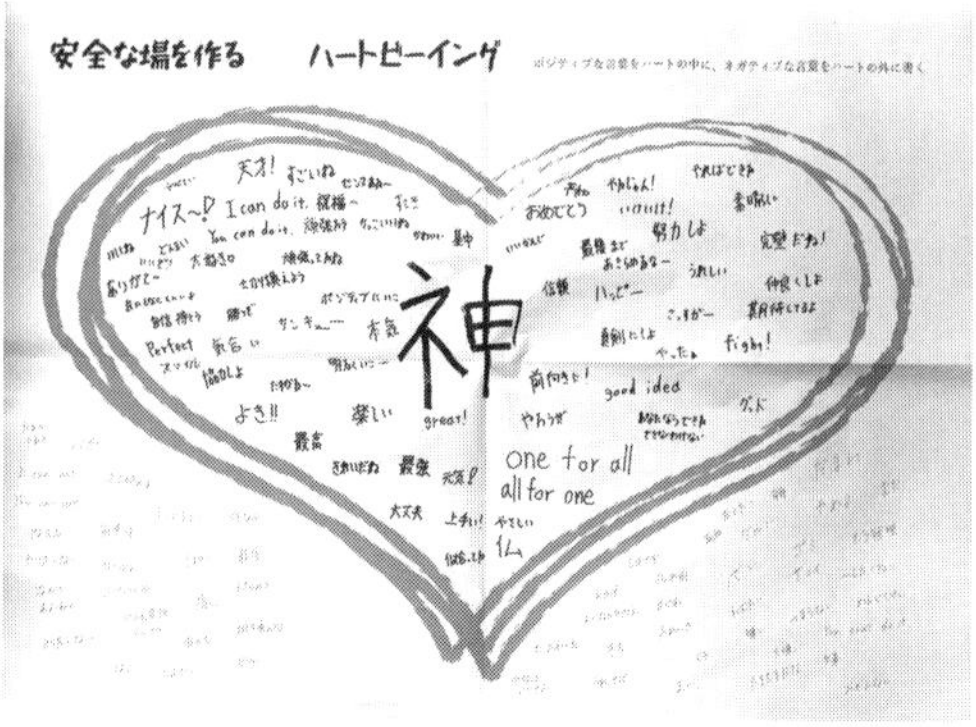

まずは、ここまでを授業の中で行ないます。これだけでも、生徒はそれぞれ感じたことや学ぶことはあるはずです。しかし、日々使う言葉は一度の授業で劇的な変化が起きるわけではありません。そこで、習慣化していく為に次のステップに移ります。活動に前向きな生徒に手伝ってもらい、準備を進めてください。

⑦四人班で書いたハートビーイングの用紙を回収する。
⑧放課後などに有志で集まってくれたメンバーに、全ての班のプラスの言葉と全ての班のマイナスの言葉をかぶらないように大きな模造紙に書き写してもらう。

これで、クラスとして一つのハートビーイングを作ることができます。あとは、日常生活の中で活用していくだけです。私は、生徒によく「知っている」と「できる」は違うという話をします。教室にプラスの言葉が溢れる方がいいと思っているだけの状態と、実際にプラスの言葉が溢れている状態では全く違います。ここから、「知っている」を「できる」に変えるための取り組みへと繋げていきます。

⑨朝の時間に、一人がプラスの言葉の中から一つ選びホワイトボードに書いて貼る
⑩ホワイトボードに書かれたワードを使うように意識して一日を過ごす
⑪終礼で、選ばれた言葉を言ったかどうかを振り返る。それぞれ一日で指定されていたプラスの言葉を使った回数に応じて一斉に、グー・チョキ・パーのいずれかを出す。
・〇回……………グー
・一～二回使った………チョキ
・三回以上使った………パー

このようにして、毎日の生活の中で意識づけをさせていきます。終礼で、それぞれの使った回数に合わせて手をあげてもらった後にクラスの様子に合わせて次のような活動を入れます。

【プラスの言葉を使えなかった人が多かった場合】

プラスの言葉を使っていない人が多ければ、プラスの言葉を使った人に、クラスメイトが何をしてくれた時に使ったかを聞きます。そして、一分間の時間をとり、まだプラスの言葉を使っていない人は誰かにプラスの言葉をかけてくることを促します。もし、声をかける人が見つからない場合は、先ほどのプラスの言葉を使った人の発言を参考に、同じ人に同じように声をか

けてもいいことを伝えることで声をかけるハードルを下げることができます。

【使うことが簡単な言葉の場合】

「ありがとう」などの言葉は比較的簡単に使うことができます。この場合は、ただ使って終わりではなく、ここからさらに深めたり、広げたりしたいところです。例えば、「今日は誰にどんなことでありがとうと言いましたか？　四人班で交流してみましょう」とすると、誰かの為に何かをしてくれた生徒の良さがクラスに伝わっていきます。また、クラス全体の前で、「今日は誰にどんなことでありがとうと言いましたか？」と聞くと、名前を出された生徒の優しさに注目が集まり、クラス全員で拍手を送るなどをすることで教室が暖かい空気に包まれます。

私の場合は、席の順番にこのポジティブになれるプラスの言葉を選んでもらっています。すると、クラスの人数だけこの活動を行なうことになりますので、一か月以上も続けることになります。この活動を続けていくことで、ポジティブなプラスの言葉が増え、ネガティブなマイナスの言葉が減るようになり、言葉を大切にすることができる生徒が増えていきました。クラスのメンバーが一周すると、この活動を通して気がついたことや感じたことを振り返ります。そして、もう一度「チーム力測定アンケート」を行ないチーム力がどのように変化したかを確かめることをおすすめします。

取り組み9　行事の目標設定に「WOOPの法則」

　学級経営を行なっていると、学級目標や学校行事での目標などといった、目標を設定する場面は多く存在します。しかし、残念ながら「目標を決めた」だけでは失敗することが多いでしょう。私も、学生時代に「今年は毎日勉強をしよう！」と目標を設定しても、達成できなかった経験があります。

　せっかく設定した目標が達成できない理由は、「コンフォートゾーンに戻りたくなるため」です。コンフォートゾーンとは、「居心地のいい場所」という意味です。いつも通りの楽に過ごしている状態です。無理をしていないので楽な代わりに成長のない状態です。成長する為には、コンフォートゾーンより外のゾーンであるラーニングゾーンに入る必要があります。つまり、未知の領域です。

　今までの経験が通じなかったり、今までよりも頑張ったり、今までとやり方を変える必要があるため、当然、居心地は悪くなります。私たちが目標を設定して頑張っている状態というのは、いわば「無理をしている状態」であり、ラーニングゾーンにいることを意味します。人間はラーニングゾーンよりも居心地のいいコンフォートゾーンを求めるため、コンフォートゾーンに戻ろうという意識が高まってしまい、目標が達成できなくなってしまうのです。そこで、コンフォートゾーンに戻りたくなることを前提に考えて、コンフォートゾーンに戻りそうになった時にどうするかを先に考えておく必要があります。これに有効なのが、「WOOPの法則」です。

目標を達成しやすくなるWOOPの法則

「WOOPの法則」とは、目標達成を円滑にするプロセスについて提唱した法則です。アメリカの心理学者ガブリエル・エッティンゲン博士による二〇年以上にわたる研究の末に体系化されたものです。

以下の四つの英語の頭文字をとったものです。

①Wish（ウィッシュ）　願望
「こうなりたい」といった願望・目標のこと。
②Outcome（アウトカム）　結果
目標が達成された時、どのような結果がついてくるかを考える。
③Obstacle（オブスタクル）　障害
目標を達成するうえでの障害になりそうなものを考える。

④ Plan（プラン）　計画

③の項目で考えた障害が実際に現れた時に、どうやって対処していくかを考えておく。

このステップに沿って行動していくことで目標の達成率を高めることができます。目標の種類や属性、達成までの長さにかかわらず効果のある方法として、注目される考え方です。

WOOPに関する実験

WOOPの効果を検証した研究では、次のような実験をしました。

対象　三六人の男女

方法

勉学の目標に向けて、一か月それぞれ勉強に励んでもらう

参加者をランダムに二つのグループに分類

・WOOPで目標達成グループ

・普通に目標を立てるグループ

勉強の目標に対するアプローチの仕方で、どのくらい勤勉さ（勉強時間）に差が出るのかを

調べた。

結果
・WOOPグループ、平均勉強時間四・三時間
・普通のグループ、平均勉強時間一・五時間
WOOPグループのほうが平均三時間ほど多く勉強していたことがわかった。さらに、実験直後の週にも勉強を継続している率はWOOPグループが三倍以上高いことがわかった。

体育祭の目標設定でWOOPを使う

では、どのように進めていけばいいのかを体育祭を例に解説していきます。

方法は、次のワークシートに沿って順番に上からクラスで考えていくだけです。

目標は、「優勝する」のように、体育祭単体で目標を考えてもいいですが、私は四月当初に決めた学級目標を達成するために、この体育祭ではどのようなことができるようになればいいかを考えさせています。

例えば、私が過去に担任していたクラスの学級目標は、「銀河群」でした。意味は、「銀河一つひとつが輝いているように、生徒一人ひとりの個性が輝き、さらに光り輝く銀河同士が重

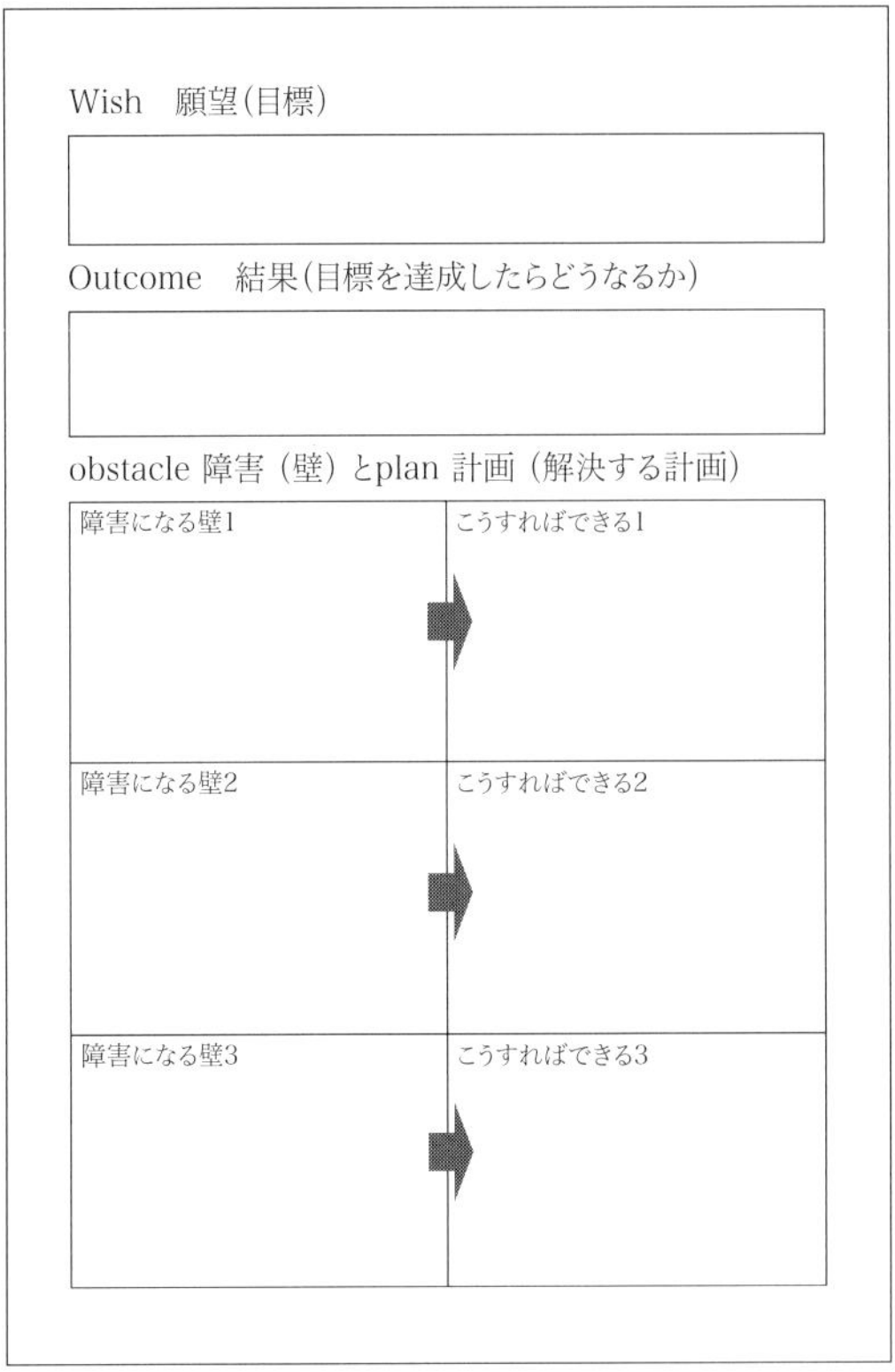

Wish　願望(目標)
Outcome　結果(目標を達成したらどうなるか)
obstacle 障害（壁）とplan 計画（解決する計画）
障害になる壁1
こうすればできる1
障害になる壁2
こうすればできる2
障害になる壁3
こうすればできる3

力によって引かれ合うように固い絆で結ばれたクラス」というものでした。三月までにこの目標を達成するためにどうすればいいかをクラスの生徒が考えた時に、まずはクラスの状況を分析することから始めました。「チーム力測定アンケート」をとった結果から、当時のクラスは心理的安全性の確保はされていたのですが、自ら主体的に発言する生徒が少ない状況でした。そこで、クラスの生徒達で話し合った結果、「三月までにクラスの前で自分の意見を言えるようにする為に、まずは中集団で自分の意見を言えるようにしよう」という事になりました。ワークシートの続きを考えていきます。この時のクラスで話し合った結果はこのような形になりました。

W　中集団の前で自分の意見を言えるようになる
O　自分の意見を言い合える事で、クラスの自治力が高まる
O　①批判されるかもしれないという不安があり発言できない
②発言をした時に注目されることに抵抗を感じる
③同じ人ばかりが意見を言う
P　①発言したことに対して批判しない
②手を挙げて発言すると注目されるので、初めは手を挙げずに日常会話のように好きなタイミングで話していいことにする
③できるだけ多くの人に話を振る

このように、事前に対応方法を考えておくことで目標を達成しやすくなります。ちなみにWOOPの法則は、勉強での目標設定などでも同じように使えます。例えば、Obstacle（障害）が「ついスマートフォンを見て集中できない」場合なら、Plan（計画）は「スマートフォンの電源を切って玄関に置いておく」というようにします。後は実行することでスマートフォンによって集中力を奪われることはなくなります。いろんな場面で使える目標設定の方法なのでぜひ使ってみてください。

取り組み10 体育祭やレクにおすすめ チームビルディングの要素を含んだ種目

中学校では、さまざまな形で体育祭が行なわれていると思います。リレー種目・二人三脚・玉入れ・台風の目などさまざまな種目がありますが、私はただ運動能力が高い生徒やクラスが勝つだけでは面白くないと思っています。

盛り上がることや勝つことはその時には嬉しいですし、思い出には残るかもしれません。しかし、大切なことは体育祭を通してどんな成長があったかだと考えています。そこで、私は体育祭の種目にチームビルディングの要素が含まれている学年種目を提案しました。

チームビルディングに適した学年種目の条件

より、学年種目を通して自治的に課題を解決する力をつけさせたいのなら、次の三つの条件を満たした種目が効果的です。

①男女や運動能力の差に関係なく参加できるもの

②練習や作戦で上達するもの
③昼休みなどに練習しやすいもの

①男女や運動能力の差に関係なく参加できるもの

クラスには、運動能力の高い生徒も低い生徒もいます。だからこそ、一部の生徒だけが活躍して勝敗が決まるのではなく、クラスみんなで協力して戦う種目にすることで、クラスの協力する姿勢を育むことができます。

②練習や作戦で上達するもの

学年種目の目的は、課題解決を通して生徒の自治力を高めることにあります。だからこそ、一〇〇m走のような身体能力で決まってしまう種目では練習をする気になれません。そこで、作戦を工夫したり練習を行なったりすることで記録が向上する種目を選択することで生徒が工夫や努力をするようになります。

③昼休みなどに練習しやすいもの

いざ練習を行なおうとした時に、練習する時間を確保する必要があります。しかし、授業の中で多くの時間をとることは難しいものです。そこで、有効に使いたいのは昼休みなどの休み時間です。昼休みに必要な道具を貸し出すことができる種目にすることで、より生徒が主体的に練習時間を確保することができるようになります。大掛かりな準備を必要とする種目では、練習時間を確保することが難しいので、チームビルディングには向いていないのです。では、実際にどのような種目が良いのかを紹介していきましょう。

(1) フラフープ通しリレー

この種目は、株式会社プロジェクトアドベンチャージャパンのアクティブラーニングのためのプログラム「プロジェクトアドベンチャー（ＰＡ）」の中の「フープリレー」をアレンジしたものです。通常のやり方は次の通りです。

①通常は八人から一〇人程度のグループで行なう（クラス全員でも可能だが、待ち時間が増えるのでその場合はフラフープの数を増やすなどの工夫を行なう）
②グループの全員で手をつないで一重の輪になる
③その際、フラフープを持っている人は、輪の中に腕を通して手を繋ぐ
④フラフープをくぐりながら、このフラフープを一周させる
⑤できるだけ短時間で一周回す為にはどうすればいいかを考えながら新記録を目指して挑戦する

このフラフープを通していく動きを使ってアレンジしたのがフラフープ通しレースです。フープレースは円になって行ないますが、この種目は、列になってフラフープを回し、人が移

動していくことでゴールへと向かっていく種目です。だれにでもできる種目なので非常におすすめです。

フラフープ通しレースの方法

①フラフープを持っている人がスタートラインを超えないように手をつないで一列に並ぶ（他の人はスタートラインを越えてもよい）
②スタートの合図で、手をつないだまま前の人へとフラフープを送る
一つ目のフラフープがスタートした後、七秒後に次のフラフープをスタートできる（フラフープとフラフープの間隔が近くなると、二本同時に通ったり手を離したりする反則が多くなる為。七秒は目安なので変更可能）
③スタートの人はフラフープを送ったら、次のフラフープを取り前へと送る
④フラフープが通過したら、手を離して列の前へと走り、列の先頭に加わる
⑤これを繰り返して進んでいく
⑥ゴール地点に置かれているコーンに、すべてのフラフープを入れていく
⑦最後のフラフープがラインを越えたら、ゴールした印としてフラフープを頭上にかかげる（着順の判定をしやすくする為。さらに、最後の一本のフラフープを色違いにしておくことでより判定しやすくなる）

⑧ゴールした人から待機ラインよりも後ろに行き、座って待機すること

禁止事項
①繋いだ手を離す
②フラフープを持っている人が移動する
③二本以上のフラフープを同時に移動させる
④前後ペア以外の人が手伝う
⑤フラフープに親指を引っ掛けるなどして持つ

私が実際にこの種目を学年で取り組んだときは、一〇人程度のグループでのレース（男子二レース・女子二レース）とクラス全員でのレースを行ない、その合計得点を競う形で実施しました。

得点は次の通りです（当時は八クラスあったので八位まで作っています）。

第1～第4レースまで（一〇人程度のグループ）
一位　10点　二位　8点　三位　6点　四位　5点

五位　4点	六位　3点	七位　2点	八位　1点	

最終レース（クラス全員）

一位　20点	二位　16点	三位　12点	四位　10点
五位　8点	六位　6点	七位　4点	八位　2点

誰でもできる運動で、練習や作戦によってかなりタイムを短縮することができ、運動能力に関係なく行なうことができるので非常に効果的な種目の一つです。

(2)大縄くぐり

大縄くぐりも運動の苦手な生徒でも一緒に楽しむことができる種目です。普通の大縄は、回している縄の中で縄を跳び越えてから外に出ると思います。しかし、この種目は「大縄くぐり」なので跳ばずにそのまま走り抜けるだけです。縄は大縄でもできますが、ダブルダッチ用の縄で行なうと縄を回すペースが上がるので、難易度が上がります。生徒の運動能力を見て選択してください。

大縄くぐりの方法

①大縄かダブルダッチ用の縄を用意する
②グループの人数と一度に縄をくぐる人数を決める
・クラス全員（四〇名）で行なうなら三人同時
・二グループ分け（二〇名）で行なうなら二人同時
③大縄を回す二人を決め、その他の人が縄をくぐっていく
④縄の向きは並んでいる人の頭上から縄が降りてくる向きで回す
⑤決められた人数で同時に縄をくぐることができれば一ポイント
⑥縄に引っかかったり、決められた人数以外の人数で通過した場合はポイントとならない
⑦決められた制限時間内に何回くぐることができたかを競う

この種目は、決められた人数で通過しなければいけないところがポイントです。一人で通過してもポイントにならない為、一緒に跳ぶ人とのコミュニケーションが生まれます。さらに、並んでいる人数が奇数の場合は、回ってくるたびに一緒にくぐるメンバーが変わっていくのでコミュニケーションをとる必要があるため、さらに難しくなります。縄のスピードを速くするのか、ゆっくりするのかを話し合ったり、縄を一周回すごとにテンポ良く通過していくことを練習していくことで生徒の課題解決能力を高めるきっかけを作ることができます。

(3)ペア大縄（8の字）

この種目は大縄くぐりよりも難しい種目です。縄は通常の大縄ではなくダブルダッチの縄を使うことをおすすめします。大縄は苦手意識のある生徒もいるかもしれませんが、練習を重ねることで苦手意識がなくなっていき、積極的に取り組むことができるようになりました。

ペア大縄（8の字）の方法

①ダブルダッチの縄を用意する
②グループを作る
・クラスを二つに分ける（二〇名程度）
・クラス全員（四〇名程度）
※私が実践したときは、クラスを二つに分けたチームで三分間、クラス全員で五分間実施し、その合計回数で競いました。学校の現場に合わせてグループの大きさを調整してください
③縄を回す二人は一定のリズムで縄を回す
④（縄の向きは跳ぶ人の頭の上から足元に向かって縄が落ちてくる向きに回す方が簡単で、跳ぶ人の足元から頭に向かって回す方が難易度は高くなるので、生徒の実態に合わせて判断する）
⑤跳ぶ人は二人ずつ、8の字になるように縄を跳んでいく

⑥二人揃って縄を通過することができれば一ポイント
⑦制限時間以内に何回跳べたかを競う
⑧二人以外の人数で跳んだ場合や縄に引っかかった場合はポイントが入らない

この種目は練習によって記録が大きく変化します。私が実践した学年では、初めは二〇〇回程度だったものが本番では六〇〇回跳べるようになりました。その成長の過程には、

・ペアをどのように分けるか
・縄の回すスピードはどうするか
・どのタイミングで縄に入ればいいのか
・掛け声をどうするか
・苦手な人をどうフォローするか
・練習時間をどう確保するか
・練習はどのような方法がいいのか

といった話し合いがありました。

また、この活動を通して「どうすれば、一生懸命取り組んでいれば失敗しても恥ずかしくな

い雰囲気をつくることができるのか」や「どうすれば自分の意見を言うことができるようになるか」といったチームとしての力を高めるための話し合いも行われました。この活動を通して、自治的に課題を解決する力を養うことができました。どの種目もおすすめです。ぜひ、生徒たちが課題を解決する姿をサポートしてあげてください。

取り組み11　フォロワーシップ計測アンケート

第1部第1章の六五ページでリーダーシップよりもフォロワーシップを先に向上させる必要があることやフォロワーシップは五つのタイプに分かれることを説明しました。ここでは、実際にクラスの生徒がどのフォロワータイプなのかを判断したり、フォロワーシップの向上を数値として表したりすることで成長したことを確認する為に必要なフォロワーシップ計測アンケートについて説明します。フォロワーシップ計測アンケートとは、一〇個の質問に答えるだけでフォロワーシップのタイプを簡易的に判断することができるアンケートです。それぞれ、積極的かどうかを測る質問と主体的かどうかを測る質問に五つずつ答えてもらうだけです。質問項目は次の通りです。

【積極的なフォロワーかどうかの質問】
①クラスメイトの困りごとや悩みを解決する為に、リーダーや教師に積極的に繋げている
②クラスでの話し合いでは、リーダーや担任の発言に対し積極的に質問や意見をしている
③リーダーや教師に「サポートできる事はないか」と積極的に確認している
④クラスメイトや教師と良好な人間関係を築けている
⑤自分の係や役割を超えて影響力を与えている

【主体的なフォロワーかどうかの質問】
①クラスで明るみになっている問題に対して、自分なりの解決方法をリーダー・教師・クラスに提案している
②水面下に隠れているクラスの問題を把握している
③その水面下の問題に対しての自分なりの解決方法をリーダー・教師・クラスに提案している
④いかなる生徒・教師でも遠慮せず本音で会話をするようにしている
⑤このクラスは自分が良くしないといけないと思っている

全ての質問に、当てはまる場合は「2」、当てはまらない場合は「0」、その間の場合は

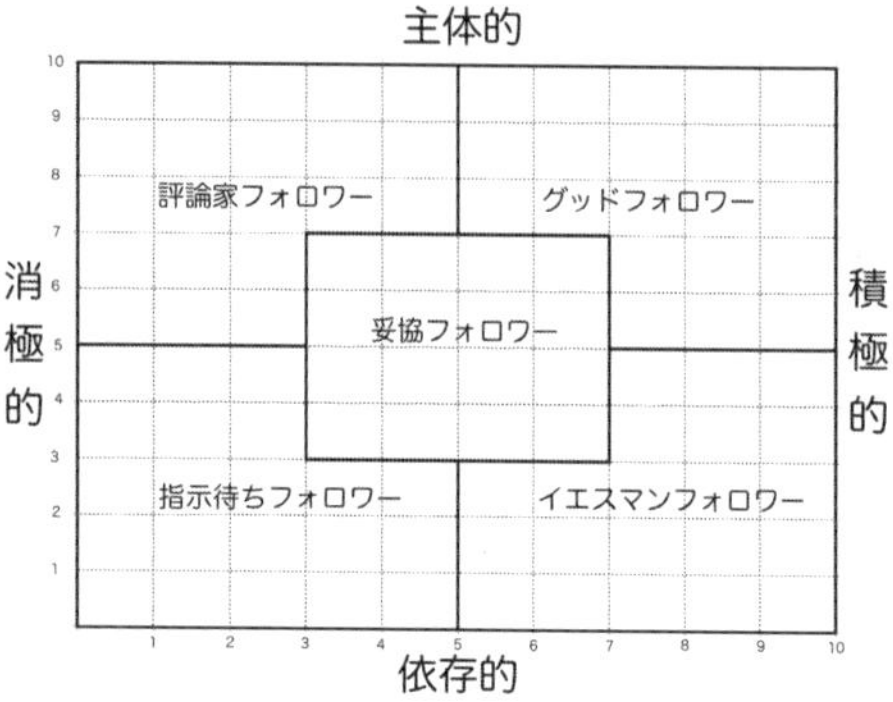

「1」で回答します。積極的かを測る質問と主体性を測る質問のそれぞれの合計点数を出します。そして、次の表を見て、積極性の合計点と主体的な合計点に当てはまる位置を探します。

この表にクラスの生徒を当てはめていくと、誰がフォロワーシップを発揮することが得意で誰がフォロワーシップを発揮することが苦手なのかが一目瞭然になります。ぜひ参考にしてください。

取り組み12
課題の原因を探る「なぜなぜ分析」

学級経営をしていると、クラスの中に様々な課題があることに気づきます。その課題を解決する為には、課題の原因を特定することが大切です。闇雲に改善方法を考えても、課題を効率よく解決することはできません。そこで、課題の原因を探るためのおすすめの方法は、トヨタ自動車からうまれた問題解決のためのフレームワークである「なぜなぜ分析」です。

なぜなぜ分析では、問題が起きた原因を探るために「なぜ？」を考えます。そして見つかった原因に対してさらに「なぜ？」を考えるのです。これを五回繰り返すことで問題の根本的な原因を明確にすることができます。そして、問題の本質的な原因がわかることで改善方法を考えやすくなります。

私自身は、必ず五回しなければいけないとは思っていませんが、「なぜ？」を繰り返して問うことで、本当の原因が見えてきます。いくつかの例を見ていきましょう。

例①

全員リレーのバトンパスが上手くいかない

「なぜ？」←

そもそもやる気がないから

「なぜ？」←

運動に対して苦手意識があるため、失敗することが恥ずかしいから

例②

全員リレーのバトンパスが上手くいかない

「なぜ？」←

リードが早すぎてタイミングが合わず減速してしまうから
「なぜ?」←
バトンを渡す人ともらう人が、互いのスピード感がわかっていないから

このようにバトンパスが上手くいかないという現象でも上手くいかない原因が違うことがあります。当然、例①と例②では解決方法は変わってきます。例①なら、原因は失敗を恐れていることにあるので、心理的安全性を高める活動を行うことが効果的です。しかし、例②のような場合は、心理的な問題ではなくテクニック的な問題です。この場合は、バトンを渡す人も受け取る人も全力疾走を行ない、スピードが一定になるようにしたうえで、受け取る人がどれだけ引きつけてからスタートを切ると良いかを調べていくことが有効です。渡す人ともらう人のスピードによって、三mまで引きつけたらいいのか、五mまで引きつけたらいいのかが変わってきます。

このように、今すでに取り組んでいることに対しての課題を解決する時には「なぜなぜ分析」を使って本当の原因を明確にすることで、自分なりの改善方法を考える助けになるのです。

取り組み13
アイデアを出すためのブレインストーミング・ブレインライティング

「なぜなぜ分析」を行ない原因を特定できたら、その原因をどのように解決するかといった解決方法を考えていく必要があります。この解決方法を考える時に、新たなアイデアが求められます。課題解決だけに限らず、様々な教科等でも実際に行なわれていると思いますが、その背景と私の行なっている方法を紹介します。

まず初めに押さえておきたいことは、「アイデアとは、ある要素の組み合わせである」ということです。

つまり

「○○×○○」

という考え方が出来ます。例えば、携帯電話は

「電話 × 持ち運び＝携帯電話」

となります。さらに、

「携帯電話×（音楽＋インターネット）＝スマートフォン」

といったように、様々なものを組み合わせることで、新しいアイデアを生み出すことができます。アイデアを考える時には、一人で考えることもできますが、グループで考えることをおすすめします。なぜかというと、他者の意見には自分にはない見方や考え方が含まれていることが多いからです。これにより新たな気づきが生まれ、新たなアイデアが思いつく可能性が広がるのです。


また、アイデアとは意識が分散している時に思いつきやすいものです。生産性を高める為には物事に集中して取り組む必要がありますが、アイデアを出す為には、意識を分散している方が効果的なのです。意識を分散している状態とは、無意識で行なえる行動をしている時などがあげられます。代表的な行動は、シャワーを浴びている時です。なんと、七二％の人がシャワー中に新しいアイデアが思いつくというデータがあるほどです。だからこそ、集中してもアイデアが出てこない時は、一度考えることをやめて、意識を分散させることも必要です。

ブレインストーミング

実際に生徒同士でアイデアを出してく為に効果的な方法が、ブレインストーミングです。よく、「では話し合いを始めてください」と言ったものの、生徒は発言せずに沈黙の時間が続くといったことがあります。生徒が話し合いの場で発言できない理由は四つの「思い込み」が関係しています。

発言できなくなる四つの思い込み

①「自分の意見を批判されるかもしれない」という思い込み
②「真面目な意見を考えなければいけない」という思い込み
③「正解を言わないといけない」という思い込み
④「人の意見は、マネしてはいけない」という思い込み

このような、思い込みによって発言できない生徒には、事前にルールを決めたブレインストーミングを行なうことで、効率よく意見が出るようになります。

ブレインストーミングとは、複数の人で行なう新しいアイデアを生み出すことを目的にした会議方法の一つです。

ブレインストーミングにはルールがあります。

【ルール1】出てきた意見を批判しない

最も生徒が発言しにくい原因は、「批判されたらどうしよう」という思い込みです。確かに、自分が何かを発言した時に、クラス全員から「それは違う！」と批判されたらと思うと不安になってしまいます。そこで、事前に「出てきた意見は批判をしない」というルールを確認しておくことで、生徒は安心して発言できるようになります。生徒は安心感があるからこそ挑戦できるのです。

【ルール2】自由な発想でどんどん発言する

生徒は、「ふざけた発言をしてはいけない」という思い込みを持っています。「ふざけている」と思われない方法は、「みんなと同じような意見を出すこと」です。これでは、斬新なアイデアが出ることはありません。そして、生徒には、「正解を出さなければいけない」という思い込みもあります。例えば、数学の授業で、先生に指名されて答えを発表する時には、自然と「間違ってはいけない」という意識がはたらいています。

理由は、そこに「正解」があるからです。「正解」以外のものは「不正解」になり、不正解の発言をすることは「恥ずかしい」と思ってしまうのです。

しかし、アイデア出しに「正解」はありません。というより、どの意見も「正解」です。アイデア出しに、「不正解はない」という認識ができれば生徒はどんどん発言できるようになります。

【ルール3】質より量を大切にする

生徒は、「正解を出さなければいけない」という思い込みを持っていると説明しましたが、最終的には答えを決めなければいけません。しかし、その答えにたどり着くまでには、回り道をしてもいいのです。

ブレインストーミングでは、質より量を大切にしています。イメージでいうと、「五人の中から選ばれたアイドル」と「全国の一〇〇万人のオーディションの中から選ばれたアイドル」では、どちらが凄そうに感じるでしょうか。

アイデアは、量を重視して出していき、後で質を高いものを選択すればよいのです。

【ルール4】出てきた意見から連想してもよい

生徒は、「人の意見をマネしてはいけない」という思い込みを持っています。それは、学校教育の中で「カンニングはしてはいけない」と教わっていることも要因でしょう。

アイデアというのは、「今あるモノの組み合わせでできている」という話はすでにしましたが、「今あるもの」を使っている時点で「マネ」なのです。

そして、アイデアが生まれるときは、「他の人の意見からの連想」で生まれることが多くあります。なぜなら、他の人の意見というのは、自分にはなかった発想であり、物の見方だからです。自分の考えに、他の人の発想や、新たな物の見方が交わることで、アイデアは活性化するのです。質より量で出した、数多くの意見から連想して、アイデアをより良いものへと高めていくようにしていきましょう。

このようなルールを守ることで、チームとしてより良いアイデアを出すことができるようになります。

しかし、ブレインストーミングには一つ欠点があります。その欠点をなくす方法が次の方法です。

ブレインライティング

ブレインストーミングの欠点は、「力を持っている人の意見に流されること」です。クラスの中にも、発言力のある生徒とない生徒がいます。これにより、発言力のある生徒の発言に対して、同調してしまい意見が偏ってしまうことが起きます。この問題点を解決するには、誰の意見かわからない状態にする必要があります。

そこで、考え出されたのが、「ブレインライティング」です。

基本的なルールはブレインストーミングと同じですが、書くことでアイデアを発展させていきます。

ブレインライティングの方法

①まずは解決したい問題や疑問を決める
②その問題に対するアイデアを各自紙に書きだす（八分）
③一度回収してシャッフルしてから配りなおす
④隣の人から回ってきた、用紙に書かれていることから連想して自分の意見を書き足す（三分）
⑤隣の人に渡す
⑥右記④⑤を一周回るまで繰り返す。
⑦最後にすべての紙を集めて、全員で検討する

ブレインライティングは、通常のブレインストーミングよりも七四%もアイデアが出やすくなるという研究データもあるので、その効果は期待できます。

また、初めに出すアイデアは「奇抜なものからスタートする」ことも大切です。すると、いいアイデアが出る可能性が三七%も上がるという研究データも出ています。

取り組み14　課題解決能力を高める「お悩み相談室」

私は、学級経営を行なう中で、二学期の学校行事が終わったあたりから、「お悩み相談室」という取り組みを行うことが多くあります。「お悩み相談室」とは、簡単にいうと生徒一人ひとりの悩みに対してクラスみんなで解決方法を考えていくという取り組みです。お悩み相談室の目的は次の二つです。

お悩み相談室の目的

①自分が困っている時に、素直にクラスメイトに「助けて！」と言える雰囲気を作ること
②誰かの悩みを解決する「課題解決能力」を高めること

自分が困っている時に、素直にクラスメイトに「助けて！」と言える雰囲気作り

自治的な集団作りを行うためには、生徒が困っている時に、「困っている」「助けて！」と素直に言えることが大切です。しかし実際には、困っている時に「助けて」と言うことは非常に難しいことです。

それは、「自分の弱みを見せることができない」「今までクラスに自分の個人的な悩みを相談した経験がない」など、いろんな要因が考えられると思います。だからこそ私は、まずは生徒達に「困った時にはクラスメイトに相談すると助けてくれる」という感覚を味わって欲しいと思っています。自分の弱みをさらけだすことは決して悪いことではありません。それどころか、同じ悩みを持っている人にとっても新たな気づきを与えてくれる素晴らしいことなのです。

課題解決能力を高める

自治的な集団作りをするためには、生徒の課題解決能力を高める必要があります。もし、クラスの中に課題があった時に、解決方法を教師が提案してクラスがうまくいったとしても、自治的なクラスへと成長することはできません。言われたことを一生懸命する生徒が育つだけです。もちろん、言われたことを一生懸命する力も必要ですが、それだけでは本当の意味で自立した生徒は育ちません。だからこそ、生徒の課題解決能力を育てていくことが欠かせないのです。

課題を解決するためには、まずは課題の原因を分析し、原因を解決するための解決方法を考えていく必要があります。しかし、課題解決能力がすぐに高まるわけではありません。生徒の課題解決能力を高めるには実際に何度も課題解決の経験をすることが大切です。何か新しい力を身につける時には、説明を受けるだけでは成長できません。実際に、自分の頭を使って考えたり、体を使ったりしながら練習を行う中で初めて自分の力として身につきます。だからこそ、生徒に課題解決の練習を何度もさせることで確実に生徒の課題解決能力を高めることができます。

お悩み相談室の方法

事前準備　悩みを集める

まずは、生徒の悩みを集めます。集め方は、二種類です。

> **①一斉にクラスメイトから募集する**
> **②生徒が必要と思ったタイミングで提出してもらう**

本来は、②の生徒が困ったことがあった時に、「クラスメイトに相談したい！」と思った時に、すぐに相談できることが理想ですが……なかなか自分の悩みをクラス全員に伝えて、時間をとってもらうというのは心理的にハードルが高いように感じます。

そこで、まずはクラス全体に「今の悩みや困っていること」を書いてもらいます。今、困っていること、クラスのみんなに相談したいことを具体的に書いてください。集約の方法は、私はグーグルフォームを使用していますが、紙に書いて提出でも構いません。

注意点は以下の通りです。

- 相談事は、あまり深く考えずに直感的に書いてもらうこと
- 解決方法を考えやすいように、悩みはある程度具体的に書くこと
- 誰の悩みかがわかるように名前を記入してもらうこと

実際に私が担任をしていたクラスでは、次のような悩みが出てきました。

生徒の悩み一覧

- 朝寝坊します。どうすれば早く起きることができますか？
- 忘れ物をなくすにはどうしたらいいですか？
- 英語の単語が覚えることができないのですが、いい方法はありますか？
- 勉強しようと思ってもスマホを見てしまい、集中できません。どうしたらいいですか？
- 勉強しようとすると眠たくなります……
- YouTube を見すぎてついつい夜更かししてしまいます。いい方法はありませんか？

・どうすればもっとサッカーがうまくなりますか？
・人生とはなんですか？

今回は、いくつかだけを紹介していますが、生徒からの悩みは本当にユニークでした。私たち教師には思いつかないようなリアルな悩みから、「人生とはなんですか？」といった哲学的な悩みまであり、本当に面白かったです。悩みが集まったら、あとは実際に解決策を考えていきます。

一日の流れ

私がこの取り組みを実施したときは、授業中ではなく、毎日の朝礼や終礼（約一〇分間）の時間を使って取り組んでいました。

①朝礼で「本日のお悩み」を決定
②終礼で、お悩みの解決方法を四人班で考える
③解決方法の交流
④ベストアンサーの決定

①朝礼で「本日のお悩み」を決定

一日の取り組みは、朝礼の時間から始まります。「本日のお悩み」と題して、今日の終礼で「誰のどんな悩みの解決方法を話し合うか」を先に共有しておきます。事前にアンケートをとっておいた「お悩み一覧」から「これだ！」というものを一つ選びます。選ぶ人の順番は何順でも構いませんが、私は前日に悩みを解決してもらった生徒が次の悩みを選ぶというルールにしていました。

「今日の相談は、○○さんの悩みです。『勉強しようと思ってもスマホを見てしまい集中できません。どうすればいいですか？』終礼で議論しますので、準備をしておいてください」というようになります。

②終礼で、お悩みの解決方法を四人班で考える

一日を過ごし、終礼が始まったら必要な連絡を終え、お悩み相談室を始めます。本来であれば、クラスメイトと交流する前に自分の中でじっくり考える時間をとる方がよいのですが、終礼では、あまり時間を確保することができないことが多いことから、一人で考える時間は省略しています。正確にいうと、お悩み相談のテーマを朝礼で発表しておくことで、休み時間などに「どうしたらいいかな？」と事前に考えておいてもらうようにしています。

司会の生徒は、次のように進めていきます。

「今日の相談は、〇〇さんの悩みです。『勉強しようと思ってもスマホを見てしまい集中できません。どうすればいいですか？』です。それでは、四人班で解決方法を話し合ってください」

日によって確保できる時間も違いますが、大体四分程度の時間を確保していました。生徒は、「なぜなぜ分析」や「ブレインストーミング」などを使って課題の解決方法を考えていきます。多くの意見を出しながら、「一番これがいい！」と思える解決策を班で決定します。

③解決方法の交流

各班で、話し合い解決方法を考えることができれば交流していきます。交流の方法は、何でも構いません。

- グーグルクラスルームのコメント欄で交流
- グーグルスライドやドキュメントを使って交流
- 班の意見を書いたマグネットタイプのホワイトボードを黒板に貼る

タブレットを使うメリットは、簡単に共有できて移動の時間などのロスタイムを減らせることです。また、データとして残るので、後から見返すこともできます。

マグネットタイプのホワイトボードや黒板に貼ることのメリットは生徒全員で黒板を見るため顔が上がりやすくなるため、説明などがしやすくなることが挙げられます。クラスの状況に合わせて選択してください。

時間があれば一つひとつの班に発表してもらってもいいのですが、私は終礼の少しの時間で行なっていたため、発表はせずに書かれた意見を読むと言う方法で時間を短縮していました。

④ベストアンサーの決定

クラス全体として意見を交流できたら「本日のベストアンサー」を決めます。ベストアンサーを決定するのは、お悩み相談のお題を出してくれた生徒に行なってもらっていました。「これなら実際にできるかも……」と思った回答をベストアンサーに認定します。

この時にベストアンサーに選ばれなくても、いい意見やユニークな解決策を出してくれている班に対しては称賛を送ることを忘れないようにしてください。

お悩み相談室の効果

この取り組みを続けていく中で、生徒に変化が生まれてきました。

・議論の進め方が上達する

・短時間でも意見をまとめる力がつく
・悩みの原因である本質的な部分を見抜く力がつく
・相談することへの抵抗がなくなっていく

議論の進め方が上達する

取り組みを続けていく中で、議論を行なう時には、「誰か一人が一方的に話すのではなく、四人が同じぐらい話すことで話し合いの満足度は高まります！」というアドバイスをしました。すると、生徒の議論が変わっていきました。

A君「どうしたらいいと思う？」
B君「僕は○○と思う。C君はどう思う？」
C君「僕は△△だと思うなー。A君は？」
A君「僕はどちらかと言うと、B君の意見に賛成かな。ここまで話を聞いていて、D君は何か意見はある？」
D君「僕は○○がいいんじゃないかなと思うよ」

このように、生徒たちが自分でまだ意見を発言していない生徒に対して意見を求めるようになり、話し合う力が育っていくことを感じました。

短時間で意見をまとめる力がつく

次に感じたことは、時間がない中でも意見がまとまるようになってきたことです。

初めのころの会話は、

A君「どう思う?」
残りの生徒「……」

といったように話が進まなかったり、関係のない話で盛り上がったりする班もありました。なかなか時間内に話をまとめることができないケースも多くありました。

そこで、「話し合いがうまくいくかどうかは、ファシリテーターの力が大きく影響すると言われています。いいファシリテーターがいると、話し合いを上手く促進させます。ぜひ、名ファシリテーターになってみてください」とアドバイスすると、生徒同士で「〇〇はどう思う?」「この問題の原因は何だと思う?」「おー、いい意見!」などといった会議をうまく進めるための会話が非常に増えました。

生徒のファシリテーション能力が高まればスムーズに話し合いが行われ、短時間でも話し合いが進むようになっていきました。また、四人班の生徒が自分の話をちゃんと聞いてくれると感じることで自分の意見をどんどん発信できるようになってきました。

悩みの原因である本質的な部分を見抜く力がつく

問題解決の練習を何度も行なっている中で、いい解決方法が少しずつできるようになっていきます。初めはいい改善方法が出ないことがありました。そこで、私は次のようなアドバイスをしました。

「課題を解決するためには、原因を特定することも大切です。例えば遅刻した人がいたとします。遅刻した原因が、アラームのセットを忘れていたのならセットし忘れないような方法を考える必要があります。遅刻した原因が、YouTube を見ていて夜更かしをしてしまった人になら夜更かしをしない方法を考える必要があります。アラームのセットを忘れていた人に対して、夜更かしをしない方法を一生懸命提案しても改善できません。だからこそ、原因の特定をしてみてください」

すると、勉強に集中するための方法を考えている時に生徒がこのような話をしていました。

A君「勉強に集中できない原因って、スマホを見てしまうからか……なんで、スマホを見ると思う？」
B君「やっぱり通知が来たら気になるんじゃないかな？」
A君「なら、通知が来ないように電源切ったら？」
B君「電源切っても携帯が見えるところにあると見たくなってしまうよね……」
A君「なら、勉強するときはスマホをリビングに置くっていうのはどう？」
B君「それならスマホのことは忘れられるかも」

というように、自分たちで原因を考えて解決方法を考えることができるように成長していきました。

相談することへの抵抗がなくなっていく

最も嬉しかったのがこれです。昼休みに、クラスの女子生徒から声をかけてもらいました。
「先生、相談いいですか？」
私は、日頃からなんでも気軽に相談してもらえるタイプの教師ではないので、そんなことを言ってくれたことが嬉しくてすぐに相談に乗りました。すると、

「今度の週末に剣道の試合があるんですけど、緊張するんですよ……どうすれば緊張しませんか？」

と話してくれました。

一緒に解決方法を考えて、その生徒なりのプランが出来上がった後に、

「どうして相談してくれたの？」

と質問すると、

「クラスでお悩み相談室の取り組みもしているし、相談してみようかなと思ったんです」

と答えてくれました。

これまで誰かに相談することをしてこなかったその生徒は、自分一人で考えてもわからなくて困っている時は、誰かに相談することで何かいい解決方法が出るかもしれないと感じるようになったのです。生徒達の中で、困ったことがあったら仲間に助けを求めてもいいという価値観が広がっていったことで、心理的安全性が高まることにもつながりました。

第3章　主体性を高め、自治的な集団の完成を目指す三学期

一学期にクラスの土台を作り、二学期にチーム力や課題解決能力を高めることができれば、三学期はいよいよ生徒の主体性をこれまで以上に大切にし、一気に自治的集団へと引き上げていきます。できるだけ生徒の主体性を大切にして取り組んでください。生徒との関わり方も、一学期や二学期よりも、よりティーチングからコーチングへと変えていきます。生徒から「こんなことをしたい！」という意思表示があれば積極的にサポートをしていく必要があります。三学期には進級や卒業に向けていい形で終わることができるように自分達で課題を発見しよりよくする為に進めていくことが理想的です。しかし、自分達で課題を発見できない場合もあります。そこで、次のような問いかけを行ないます。

- 「クラス目標を達成する為にはどうすればいい？」
- チーム力測定アンケートの結果から「良いところをさらに伸ばすにはどうすればいい？」
- チーム力測定アンケートの結果から「数値の低いところを伸ばすにはどうすればいい？」
- 私学専願の生徒に対して「公立受験をする仲間の為に何かできることはないかな？」

・「今までお世話になった人（クラスメイト・先生・保護者）に感謝を伝える方法はないかな？」

こういった問いを与えることで生徒は一気に考えることができるようになるのです。生徒自身に自由な発想で考えさせてください。

取り組み15　ギバーキャンペーン

学年やクラスによっては自発的に意見が出ないこともあるので、そのような場合はこのような取り組みを行ない、主体的に行動する素晴らしさを実感させることも有効です。自分がクラスを作っている当事者であるという意識を高め主体的に行動する練習を目的に行ないます。この取り組みは、一年間の集大成となる非常に大切な取り組みです。

ギバーキャンペーンの方法

ルールはたった一つだけです。それは、「班ごとに分かれて、クラスの為になることをする」です。今のクラスの課題が何なのかを考え、どうすればその課題を解決することができるのかということを考えてもらいます。生徒には、できるだけクリエイティブに考えるように促してください。

例えば、このようなことができます。

・クラスの仲を深める為に、終礼の時間を使ってレクリエーションを行なう
・英語の苦手な人の為に、英語の勉強の方法をまとめる
・クラスの最後に向けて、思い出の文集を作る
・クラスの仲間の自己肯定感を高めるために、クラスの仲間のいいところを見つけて発表する
・学習に集中できる環境を作る為に掃除を行う

実際にクラスで行なった時には様々な取り組みが行われました。オリジナルのレクレーションを実践したり、テスト前にテストに出そうな漢字に関するクイズを出題するなど、クリエイティブに考えてくれました。ポイントは、生徒の主体性や創造力を信じて生徒に任せるということです。三学期までに、生徒たちは自分たちで課題を解決する練習を多く積んでいるはずです。だからこそ、生徒たちを信じて「任せる」ことが大切です。ぜひ、生徒の成長を信じて任せてみてください。これまでの全ての取り組みで築き上げてきた力を使って生徒が活躍する姿を見ることができるはずです。

取り組み16　クラスの締めくくりに向けての問い

三学期には、生徒の主体性を大切にしたいので「問いかけ」はするものの具体的にこういう取り組みをしようと決めることはあまりしません。問いに対して、「生徒が行動したいと思ったのか」「どういう方法で行なうのか」といったことは、できるだけ生徒の考えを尊重していきます。

クラスの締めくくりに向けて生徒に問いかける内容は、次のようなものがあります。

- 一年間が終わろうとしているけど、どうやって締めくくりたい？
- クラス目標は達成できそう？　できていないならどうすれば達成できる？
- 感謝の気持ちをどうやって伝える？（クラスメイト・先生・先輩・後輩・保護者など）
- （私学専願で進路が決まった生徒に対して）公立高校を受験する生徒のために何かできることはない？

このような問いの答えを生徒と一緒に考えていくことが大切です。なので、三学期に行なう取り組みは毎年変化していくものです。ここでは、これまで行なってきた取り組みを簡単に紹介しますので、参考にしてください。

取り組み17　文集

文集を作るのも一つの手です。個人のページを作ったり、クラスのページを作ったりと生徒の個性が発揮できるようにサポートをしていきます。取り組む時にクラスで文集係を募集し、文集係が中心となってリーダーが進めていくことで生徒の自治的な活動を促すことができます。

取り組み18　「ありがとう」を伝える

クラスを締めくくる時に、感謝の言葉をクラスに伝える活動です。一分間スピーチのテーマを「ありがとうを伝える」で行ないます。一人ずつクラスの前に立って、このクラスメイトに伝えたい感謝の言葉を伝えていきます。「体育祭で一生懸命応援してくれて嬉しかったこと」や「勉強でわからない時に教えてくれて嬉しかったこと」など、生徒はー年間を振り返ってそれぞれの言葉でクラスメイトに感謝を伝えていきます。また、感謝のメッセージは、別の取り組みとして行う場合は「一年間の思い出」や「この一年間で学んだこと」などのテーマを設定しても構いません。

取り組み19　合格祈願お守り

私が勤務している県では、私学入試が二月上旬ごろにあり、公立入試が三月の上旬ごろにあります。なので、私学専願の生徒は、公立受験を控えている生徒と比べると一足先に受験勉強を終えることになります。そこで、私学専願の生徒が公立高校の受験を控えている生徒に何かできることはないかを考えて、「お守り」を作ることになりました。折り紙を用意して、インターネットでお守りの折り方を調べて作り、その中に私学専願組が書いたメッセージを入れてサプライズで渡すことになりました。私学専願で入試が終わった生徒たちの最後までクラスの仲間の為にと考えて行動する姿により、教室に温かい空気が流れました。

取り組み20　感謝のメッセージ

三学期になると、クラスをいかに締めくくるかを考える必要があります。一年間が終わる時には、これまでお世話になってきた人たちへの感謝を伝えることも大切なのではないでしょうか。これまでこのような形で感謝を伝えることがありました。

クラスメイトに対して別れのメッセージ

大きな紙を用意し、その紙に宛先を書く欄とクラスの人数分からマイナス1の枠を用意します。枠は四角でもいいですし、何かの絵でも構いません。生徒に、一人一枚用紙を配り、まずは宛先に自分の名前を書きます。あとは上の図のように紙を回していき、クラスメイトにメッセージを書いていってもらいます。一周したら自分の元にクラスメイトからのメッセージが埋まって帰ってくることになります。

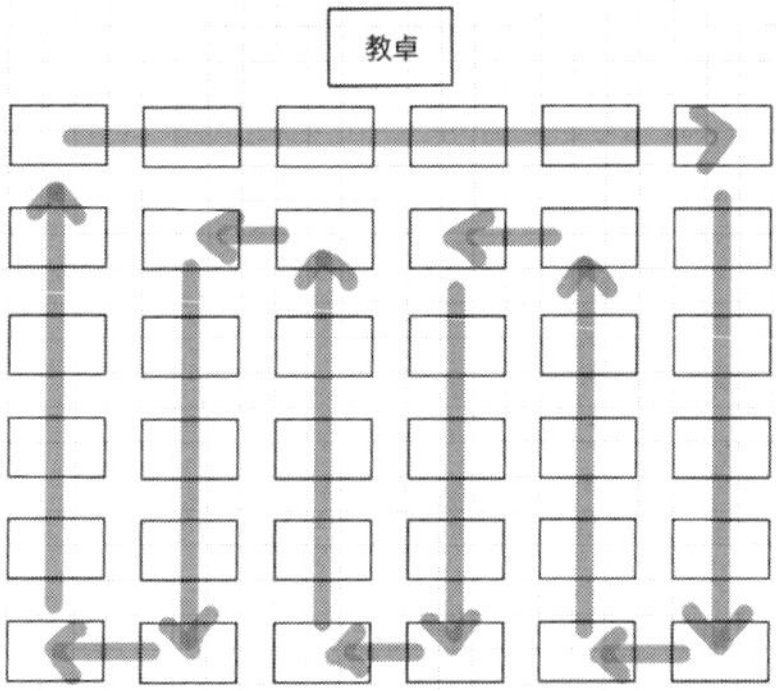

その時に生徒に渡すのではなく、一度回収することをおすすめします。理由は、最後のメッセージにふさわしくないメッセージが書かれていないかを確認するためです。もちろんこれまでにいいクラスへと成長していればそのようなことは起きませんが、最後の最後にクラスからのメッセージの中に悪口が書かれることがあれば気持ちよくクラスを締めくくることができなくなってしまうので、念のために確認を行なっておいた方がよいと思います。確認を終えたら、一人ひとりの生徒へとクラスからのメッセージを渡してあげてください。

授業を教えてくれた先生へのメッセージ

一年間授業を教えてくれた先生方にも感謝を伝えたい時には、次のような取り組みをしました。一人ひとりに教科の先生の人数分の小さな紙を渡します。あとは、その紙にメッセージを書き、送る先生ごとに回収し、穴を開けて紐を通したり、リングを通してバラバラにならないようにするだけです。あとは、最後の授業の日に、感謝の言葉を伝えるとともに、クラスで集めたメッセージカードを渡すだけです。簡単にできるのでおすすめです。

保護者への手紙

中学校三年生の担任をしていた時には、卒業前には、保護者への手紙を書くことを提案したこともあります。中学校を卒業するということは、九年間の義務教育を無事に終えるということです。保護者の方の支えがあって学校での活動があることは事実です。だからこそ、生徒たちには照れ臭い気持ちがあるかもしれませんが、感謝の手紙を書くいい機会であることを伝えます。便箋と封筒を渡して、一人ひとりに手紙を書いてもらいます。そして、卒業式の日まで預かり、卒業式の日に生徒に返します。あとは、卒業式が終了し、生徒が保護者と合流する時に、感謝の気持ちを伝えるとともに、手紙を渡すように促します。この取り組みは、自分の家族と向き合ういい機会になるのですが、気をつけなければいけないこともあります。それは、家族の関係がうまくいっていない家庭もあるということです。例えば、虐待を受けている生徒の場合は保護者へのメッセージを書けない生徒もいます。そんな時は、個別にフォローをするか、思い切ってこの取り組みをしないことも考えなければいけません。

取り組み21　「次のステージでやりたいこと」を語る

学級の締めくくりに向けて、今までのことを振り返ることも大切ですが、最後は未来のことについて語ることも大切です。生徒にとって学級が終わるということは、新たな始まりが近づいているということです。一か月後には、進級や入学を迎えることになります。クラスの生徒一人ひとりがこの一年間で学んだことを次の学年や次の学校で発揮できてこそ、その生徒が本当に成長したことになります。だからこそ、次のステージで「どんなことをしたいのか」「どんなことを頑張りたいのか」「どんなことに挑戦したいのか」に目を向けてほしいのです。そこで、最後の特活などの時間に、「これまで学んだことを活かして次のステージで頑張りたいこと」というテーマでスピーチをしてもらいます。私は、卒業はめでたいことだからこそ、涙だけで終わるのではなく、胸を張って明るく旅立ってほしいと思っています。だからこそ、生徒一人ひとりが未来を語ることで、意識が前向きになり、明るい雰囲気でクラスを終えることができるようになります。

「バラバラクラス」「空回りクラス」「指示待ちクラス」どう育てる？
～中学生が自ら動き出す自治的集団作り～

2023（令和 5）年 3 月 31 日　初版第 1 刷発行

著　者：岩本直己
発行者：錦織圭之介
発行所：株式会社東洋館出版社
〒101-0054　東京都千代田区神田錦町 2 丁目 9 番 1 号
コンフォール安田ビル 2 階
（代　表）03-6778-4343 ／ FAX 03-5281-8091
（営業部）03-6778-7278 ／ FAX 03-5281-8092
ＵＲＬ　https://www.toyokan.co.jp

本文レイアウト・カバーデザイン・印刷・製本：藤原印刷株式会社

ISBN978-4-491-05083-6 ／ Printed in Japan